LA PROVA DI MATEMATICA DI CLASSE 5ª

Per ogni livello di difficoltà trovi due tipi di prova. Il tuo insegnante ti fornirà le istruzioni per svolgere la prova e ti darà indicazioni sul **tempo** che hai a disposizione.

Alcune strategie prima di cominciare

Per affrontare le prove, ecco alcuni suggerimenti che devi sempre tenere presente:

- ascolta con attenzione le **istruzioni date dall'insegnante**;
- **leggi e rileggi** più volte i testi e le domande, per capire bene che cosa ti viene chiesto;
- **leggi tutte le risposte** attentamente prima di scegliere quella corretta;
- nelle prove guidate (1/3/5/7), dove trovi i box verdi segnalati dal timone, prima prova a rispondere autonomamente, poi **leggi il suggerimento** e rifletti nuovamente sulla risposta che devi dare;
- nelle prove autonome (2/4/6) prova a rispondere senza alcun aiuto ma, se proprio non riesci, i timoni ti ricordano dove hai già svolto degli esercizi simili;
- fai attenzione a **tutte le parole** delle domande: alcune sono molto importanti per capire bene che cosa viene chiesto, per esempio *non*, *certamente*, *alcuni* ecc.
- se non riesci a rispondere a una domanda, **non perdere tempo**: vai avanti e rispondi prima alle domande di cui conosci la risposta, poi torna alle domande che hai lasciato in sospeso;
- se non sei sicuro su quale risposta dare, **vai per esclusione**: elimina prima le risposte che ti sembrano sicuramente sbagliate, poi rifletti su quelle rimaste, così sarà più facile scegliere;
- se l'insegnante indica **un tempo massimo** per svolgere la prova, fai attenzione all'orario, ma senza farti prendere dall'ansia. Se finisci prima dello scadere del tempo, non consegnare subito la prova: rivedi e controlla le tue risposte, in particolare quelle su cui hai dei dubbi.

La registrazione dei risultati

Per controllare se hai svolto correttamente le prove completa le ***griglie di correzione*** che trovi dopo ogni coppia di prove: segui le istruzioni del tuo insegnante.

ISTRUZIONI

Se ti serve, puoi disegnare o scrivere sulle figure e puoi usare gli spazi bianchi del libro per fare i calcoli. Stai attento: i quesiti sono organizzati in modi diversi...

Domande a scelta multipla

Per ogni domanda ci sono quattro risposte, ma una sola è quella giusta.
Prima di ogni risposta c'è un quadratino con una lettera dell'alfabeto: A, B, C, D. Per rispondere, devi mettere una crocetta nel quadratino accanto alla risposta (una sola) che ritieni giusta, come nell'esempio.

A quale numero corrispondono 24 decimi?

A. ☐ 2 400
B. ☐ 240
C. ☒ 2,4
D. ☐ 0,24

Risposte in tabella

Alcune domande sono un po' diverse e per rispondere devi mettere una crocetta per ogni riga, come nell'esempio, oppure completare le tabelle come richiesto.

Per ciascuna delle affermazioni indica con una X se è vera (V) o falsa (F).

		V	F
a.	4,3 è maggiore di 4,09.	X	
b.	3,08 è minore di 3,6.	X	

Risposte aperte

Altre domande prevedono che tu scriva la risposta o che tu faccia un disegno.

Per realizzare 5 guanti la signora Giulia ha usato 1 gomitolo e mezzo di lana colorata. Quanti gomitoli dello stesso tipo dovrà utilizzare per preparare 10 paia di guanti?

Risposta: 6 gomitoli.

Completamento

In altri casi devi inserire al posto dei puntini delle parole o dei numeri mancanti.

Completa correttamente la frase con una delle seguenti espressioni:

maggiore del | uguale al | minore del

La probabilità che venga "croce" lanciando in aria una moneta è uguale al .... 50%.

E se sbaglio?

Se ti accorgi di avere sbagliato, puoi correggere: devi scrivere **NO** vicino alla risposta sbagliata e mettere una crocetta nel quadratino accanto alla risposta che ritieni giusta, come nell'esempio.

Quale dei seguenti numeri è più vicino al risultato di 3,9 x 2?

A. ☐ 6
B. ☒ 8,18 NO
C. ☒ 8
D. ☐ 6,18

PROVA 1

3/02/2020

A 1. Quante ore ci sono in 2 settimane?

A. ☐ 140 ore.
B. ☒ 168 ore.
C. ☐ 240 ore.
D. ☒ 336 ore.

Cerca bene i **dati** contenuti nel testo, non solo i numeri ma anche quelli nascosti nelle parole! In questo caso sono due:

1 settimana = 7 giorni; 1 giorno = 24 ore.

A 2. Michela compra questa confezione di 30 bustine di tè verde.

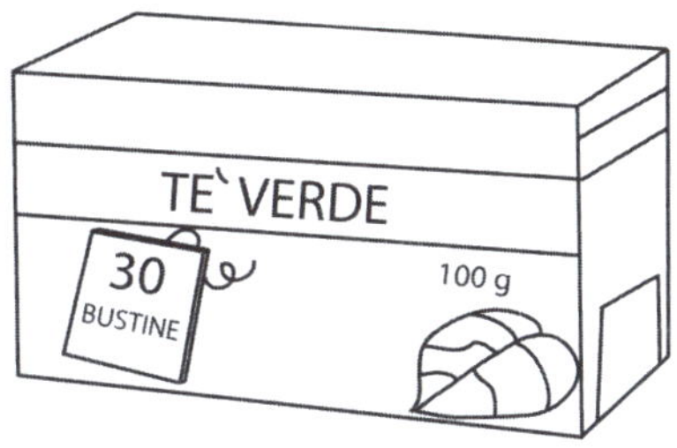

Quanti grammi di tè acquista Michela?

A. ☐ 3000 grammi.
B. ☒ 100 grammi.
C. ☐ 30 grammi.
D. ☐ 130 grammi.

Non fare delle operazioni solo perché nel testo ci sono dei numeri: a volte basta cercare le informazioni richieste nell'immagine del problema.

A 3. Quale coppia di figure è **simmetrica** rispetto alla retta *r*?

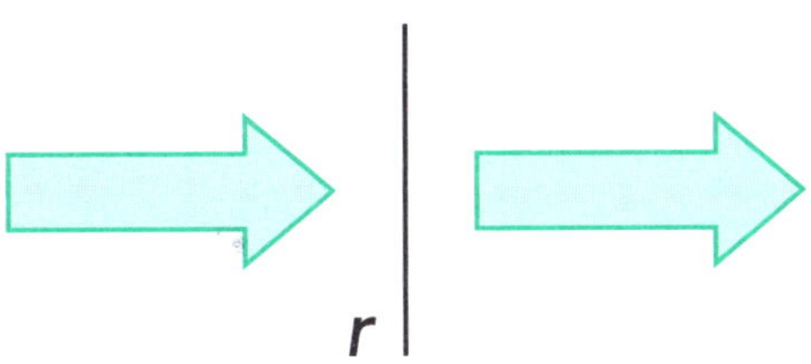

Figura 1

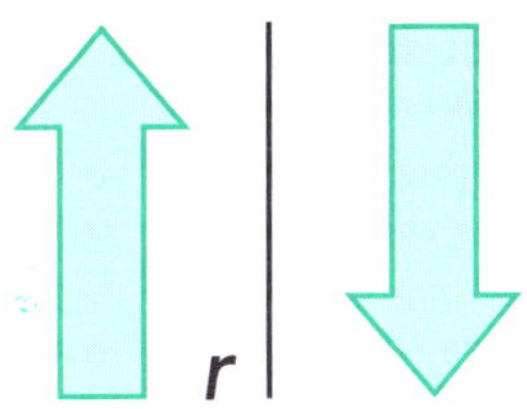

Figura 2

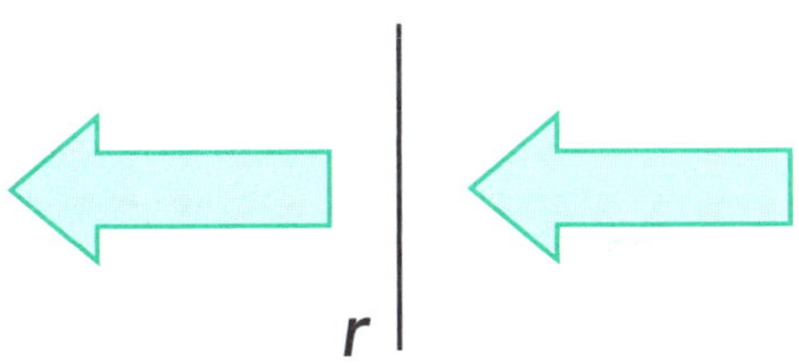

Figura 3

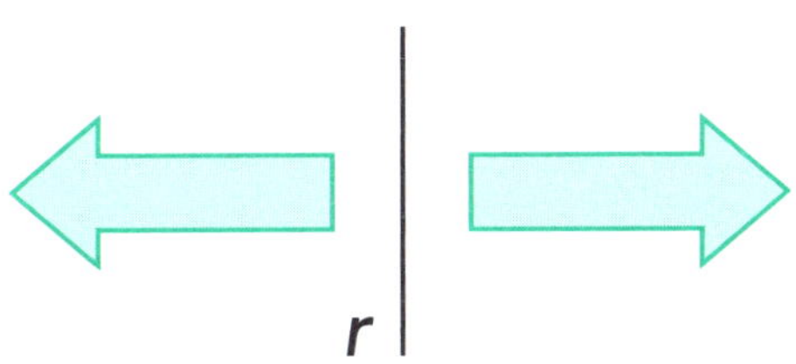

Figura 4

RICORDA
Due figure sono simmetriche rispetto a una retta se ogni loro punto si trova alla stessa distanza dalla retta e se appaiono come riflesse in uno specchio.

A. ☒ Figura 1.
B. no ☐ Figura 2.
C. ☒ Figura 3.
D. no ☒ Figura 4.

A 4. Quale di queste affermazioni è **falsa**?

A. ☐ 6 centinaia è maggiore di 7 decine.
B. ☐ 6 centinaia è maggiore di 500 unità.
C. ☒ 6 centinaia è minore di 600 unità.
D. ☐ 6 centinaia è uguale a 60 decine.

> **RICORDA**
> **1 centinaio = 100 unità**
> **6 centinaia = 600 unità**

A 5. Sulla facciata di un palazzo ci sono 4 finestre per ogni piano. Le finestre sono in tutto 32. Quanti sono i piani dell'edificio?

A. ☐ 6 piani.
B. ☐ 7 piani.
C. ☒ 8 piani.
D. ☐ 9 piani.

> Le finestre sono in quantità uguale su ogni piano, quindi devi usare l'operazione che ti permette di **distribuire** una quantità in parti uguali, cioè la tabellina.

A 6. Riccardo ha a disposizione una bottiglia di aranciata da 1,5 litri (**l**). Quanti bicchieri da 1 decilitro (**dl**) riesce a riempire?

A. ☐ 14
B. ☐ 10
C. ☒ 15
D. ☐ 16

> Nei problemi con le unità di misura ricorda di fare le operazioni sempre con le stesse unità di misura, quindi, se necessario, devi fare l'equivalenza.
> **RICORDA** **1 l = 10 dl**

A 7. In quale figura vedi cinque quadrati?

Figura 1

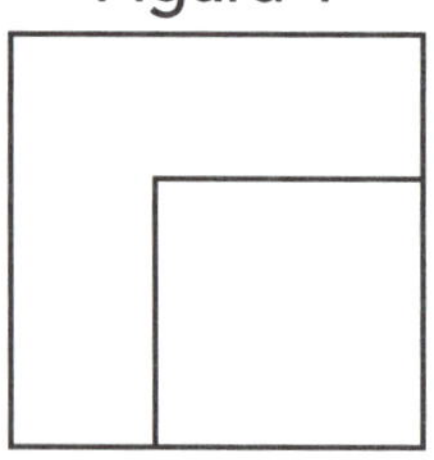

Figura 2

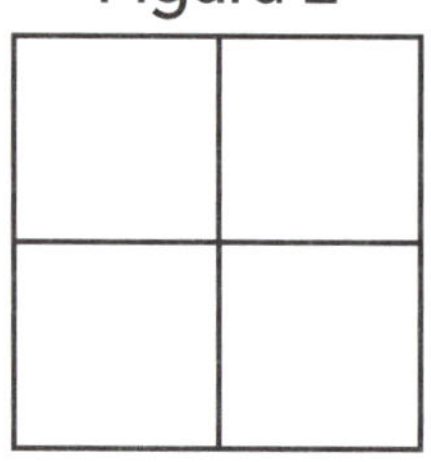

Figura 3

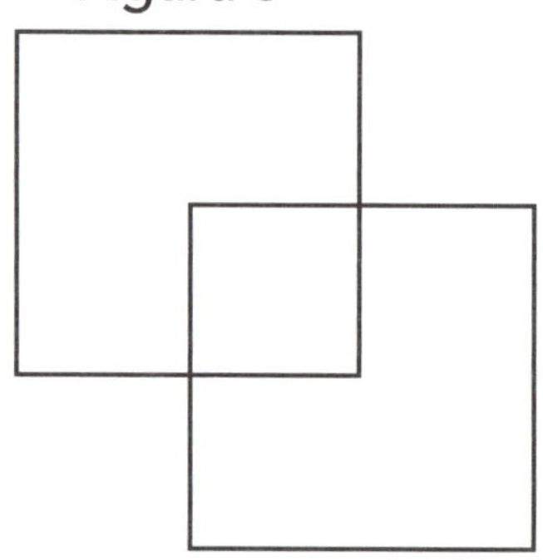

Figura 4

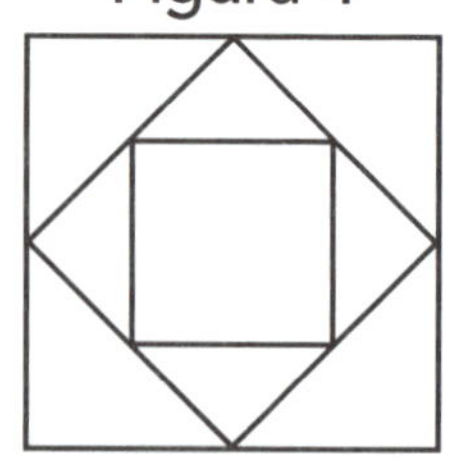

A. ☐ Figura 1.
B. ☒ Figura 2.
C. ☐ Figura 3.
D. ☐ Figura 4.

> Fai un segno sui quadrati che devi contare a mano a mano che li individui. Poi contali. Ricordati che possono esserci figure che formano altre figure.

A 8. Quali numeri completano correttamente questa sequenza?

6	13	20	27	34	41	48	55

A. ☐ 21 e 47
B. ☒ 20 e 48
C. ☐ 18 e 44
D. ☐ 15 e 49

Scopri la regola che ti permette di passare da un numero al successivo nella sequenza: quale operazione devi fare per passare dal primo numero al secondo? Verifica se è valida anche per tutti gli altri passaggi, poi completa la sequenza e scegli la risposta corretta.

A 9. Quanto può essere alto un gradino delle scale di un palazzo?

A. ☐ 18 mm.   B. ☒ 18 cm.   C. ☐ 18 dm.   D. ☐ 18 m.

A 10. L'esame di pianoforte di Gianni inizia alle ore 16 e 25 e finisce alle ore 17 e 50.

a. Quanto tempo è passato tra l'inizio e la fine dell'esame?

A. ☐ 50 minuti.
B. ☒ 1 h e 25 minuti.
C. ☐ 25 minuti.
D. ☐ 1 h e 50 minuti.

In questo caso, per calcolare rapidamente la durata della lezione puoi fare due sottrazioni. Quanti minuti ci sono tra 50 e 25? Quante ore tra 17 e 16?

b. Che ampiezza ha l'angolo tracciato dalla lancetta dei minuti quando passa da 25 a 50?

A. ☐ Retto.
B. ☒ Acuto.
C. ☐ Piatto.
D. ☒ Ottuso.

RICORDA
Lo spostamento della lancetta lunga in 15 minuti corrisponde a un angolo retto. Quanti minuti ci sono tra 50 e 25? Il valore ottenuto è uguale, maggiore o minore di 15?

A 11. Per misurare l'angolo rappresentato qui sotto, Giorgio posiziona il goniometro nel modo che vedi.

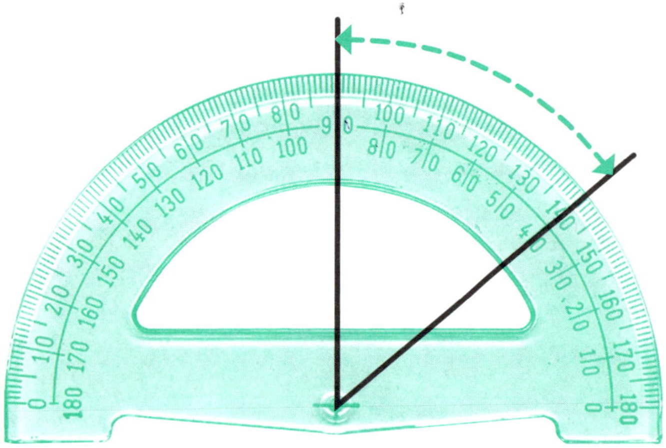

Quanto misura l'angolo?

A. ☐ 140°
B. ☒ 50°
C. ☐ 40°
D. ☐ 90°

Quando misuri con uno strumento, devi controllare di partire sempre dallo 0. Lo 0 del goniometro è posizionato lungo uno dei due lati dell'angolo? In questo caso no: quindi per trovare quanto vale l'ampiezza dell'angolo devi fare una sottrazione.

A 12. Per bordare un centrotavola di lino rettangolare la sarta ha utilizzato 1 metro di merletto. 30 cm di merletto li ha usati per bordare un lato del centrotavola. Quanti centimetri ha utilizzato per bordare il lato consecutivo?

A. ☐ 30 cm.
B. ☐ 50 cm.
C. ☒ 20 cm.
D. ☒ 80 cm.

RICORDA
Il rettangolo ha i lati uguali a due a due. Usa queste caratteristiche per risolvere il problema: che cosa ottieni se alla lunghezza totale sottrai **due volte** la misura del lato che conosci? Il valore che rimane è la misura della **somma** degli altri due lati.

A 13. È la stessa cosa moltiplicare un numero per $\frac{3}{6}$ o per 0,5?

A. ☐ No, perché la prima è un frazione, il secondo è un numero decimale.
B. ☐ No, perché $\frac{3}{6}$ indica una quantità minore di 0,5.
C. ☐ No, perché 0,5 indica una quantità minore di $\frac{3}{6}$
D. ☒ Sì, perché $\frac{3}{6}$ e 0,5 valgono entrambi la metà di un intero.

A 14. Gli alunni di classe quinta hanno partecipato a un'indagine sui gusti in ambito musicale. Come prima domanda è stato chiesto loro quanto amano ascoltare la musica.
Le loro risposte sono state rappresentate in questo grafico:

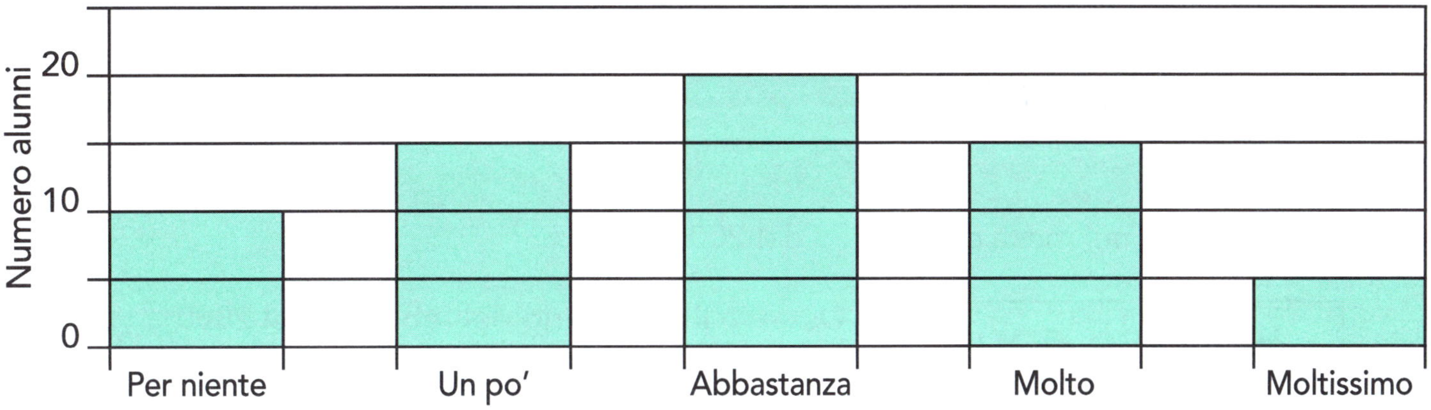

Consulta il grafico e rispondi alle domande.

a. Quanti alunni hanno risposto "Molto"?
Risposta: 15.

b. Quale risposta ha ricevuto più preferenze?
Risposta: abbastanza.

c. Quanti alunni hanno partecipato all'indagine?
Risposta: ~~50~~ 65.

Per interpretare correttamente i dati contenuti in un grafico devi sempre leggere con attenzione le etichette e scoprire quale scala numerica viene utilizzata. In questo caso, a quanti bambini corrisponde uno spazio sulla scala delle ordinate (la linea verticale)?

A 15. Osserva le figure: sono tutte **equivalenti**?

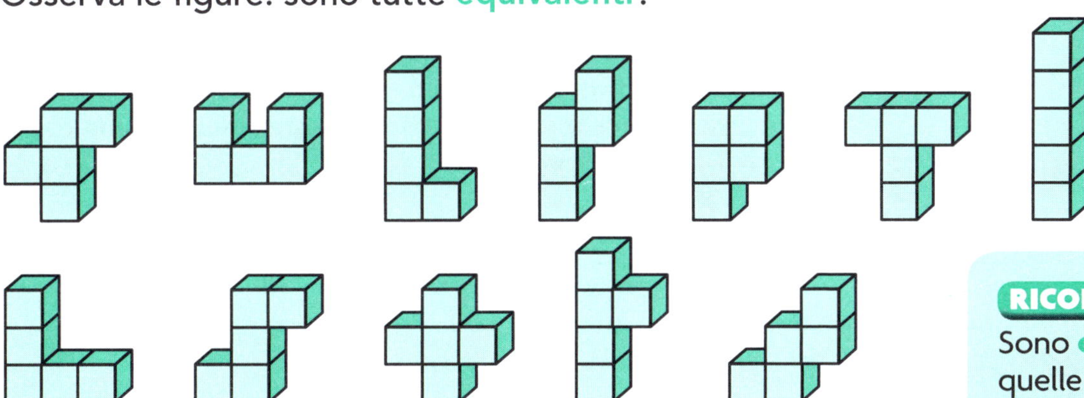

A. ☒ Sì, hanno tutte lo stesso volume.
B. ☐ No, alcune figure hanno volumi diversi.
C. ☐ Metà sono equivalenti.
D. ☐ Non tutte hanno lo stesso volume.

RICORDA
Sono **equivalenti** quelle figure solide che hanno il volume uguale.
Usa il cubetto per stabilire il volume di ciascuna delle figure rappresentate.

A 16. Individua il nome del quadrilatero di colore grigio che si forma se sovrapponi un rettangolo a un triangolo nel modo disegnato accanto.

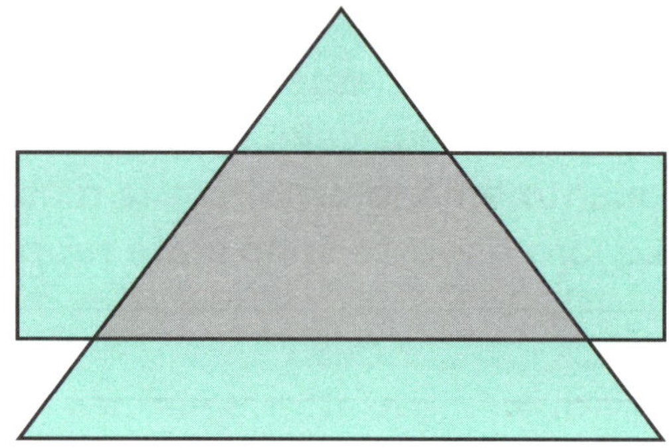

Che quadrilatero è la figura di colore grigio?
Risposta: trapezio.

A 17. Nicola è nato nel mese di febbraio del 2000.

FEBBRAIO 2000

L	M	M	G	V	S	D
	1	2	3	4	5	6
7	8	9	10	11	12	13
14	15	16	17	18	19	20
21	22	23	24	25	26	27
28	29					

Osserva il calendario del febbraio del 2000: in quale giorno della settimana è **più probabile** che sia nato Nicola?

RICORDA
Un evento **probabile** è un evento che può accadere, ma non è certo che accada.
In questo caso devi cercare il giorno della settimana in cui è **PIÙ probabile** che sia avvenuto un fatto, quindi guarda sul calendario qual è il giorno **più frequente**.

Risposta: martedì.

A 18. Quale dei seguenti numeri è più vicino al risultato di 4,9 x 3?

A. ☐ 15,27
B. ☒ 15
C. ☐ 14
D. ☒ 12,27

Per fare più velocemente, calcola il **valore approssimato** dell'operazione: 4,9 è quasi 5, moltiplicalo per 3 e trova il risultato approssimato. È tra quelli proposti?

A 19. La maestra ha chiesto a quattro bambini di dire qual è il numero successivo a 80 decine. Chi ha dato la risposta corretta?

Tiziano: "81"
Sara: "801"
Laura: "810"
Roberto: "800"

A. ☒ Tiziano.
B. ☒ Sara.
C. ☐ Laura.
D. ☐ Roberto.

A 20. Alla festa del paese viene estratto il numero vincente della lotteria.
Si sa che è:

- pari
- minore di 60
- maggiore di 51
- divisibile esattamente per 7

Il numero vincente è:

A. ☐ 54 B. ☒ 56 C. ☐ 58 D. ☐ 52

> Individua per prima cosa l'intervallo dei numeri in cui si trova il numero vincente (maggiore di... minore di...); poi escludi via via i numeri che non corrispondono alle descrizioni.

A 21. Caterina piega un foglio rettangolare in maniera casuale una prima volta e poi una seconda.
Il foglio piegato da Caterina si presenta così:

Quando lo riapre, sul foglio sono rimasti i segni delle piegature come nella figura accanto.
Come sono tra loro le linee tratteggiate che rappresentano le due piegature?

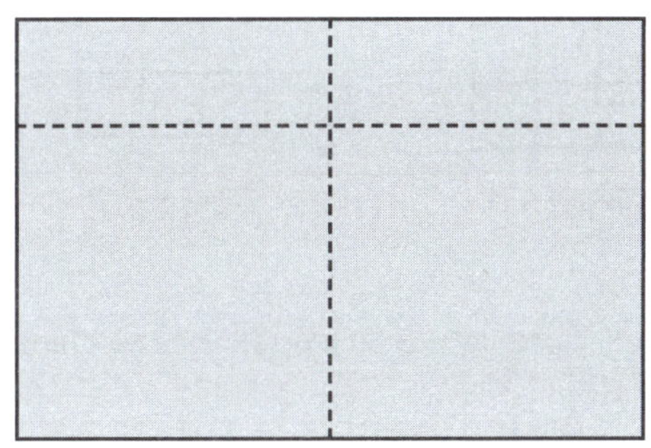

A. ☒ Incidenti.
B. ☒ Incidenti e perpendicolari.
C. ☐ Parallele.
D. ☐ Perpendicolari non incidenti.

A 22. Osserva le figure e indica con una ✗ per ciascuna delle seguenti affermazioni se è vera (V) o falsa (F).

		V	F
a.	Solo la figura 1 è un poligono.		X
b.	La figura 2 è un poligono.	X	
c.	Solo la figura 3 non è un poligono.	X	
d.	Tutte le figure sono poligoni.		X
e.	Nessuna figura è un poligono.		X

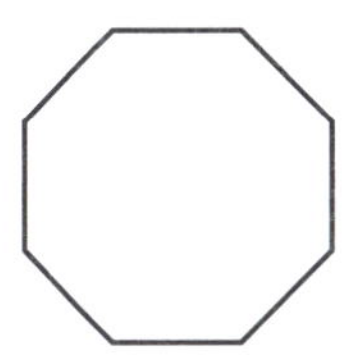

Figura 1

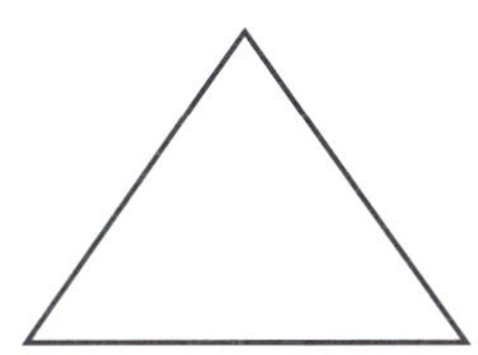

Figura 2

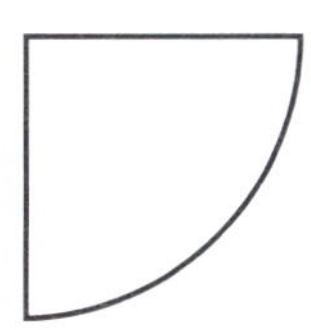

Figura 3

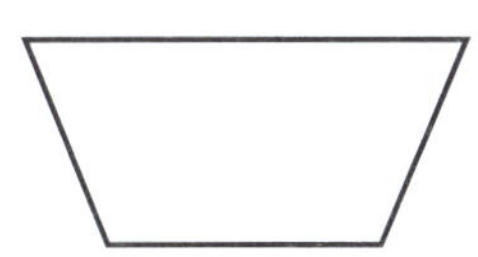

Figura 4

A 23. La somma degli anni di Angela e degli anni di Luigi è 47.
Se Luigi ha 7 anni più di Angela, quanti anni ha Angela?

> Aiutati con una rappresentazione grafica: indica gli anni di Angela con un segmento e quelli di Luigi con un segmento di lunghezza uguale più un altro grande a piacere che rappresenta gli "anni in più" di Luigi (che vale 7). Ora osserva: se al totale togli gli "anni in più", puoi calcolare l'età di Angela?

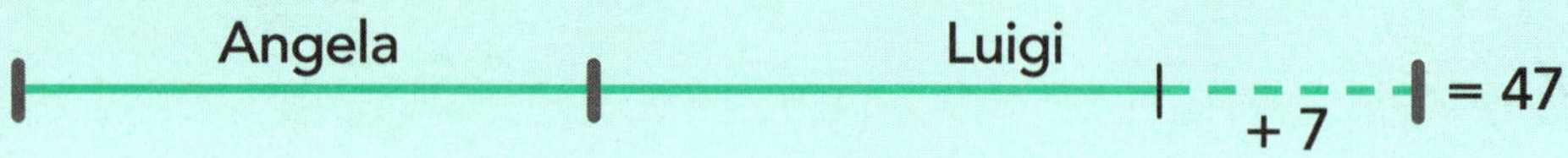

A. ☐ 25 B. ☒ 20 C. ☐ 40 D. ☐ 28

A 24. Osserva le figure.

Figura 1 Figura 2 Figura 3 Figura 4

a. Che cosa vuol dire che due figure sono **equivalenti** o **equiestese**?

A. ☒ Hanno la stessa area.
B. ☒ Hanno lo stesso perimetro.
C. ☐ Hanno la stessa forma.
D. ☐ Sono sovrapponibili.

b. Quale di queste affermazioni è vera?

A. ☐ Le figure 1, 3, 4 sono equiestese e hanno perimetri diversi.
B. ☒ Le figure 2, 3, 4 hanno lo stesso perimetro, ma non sono equiestese.
C. ☒ Le figure 3 e 4 sono equiestese e hanno lo stesso perimetro.
D. ☐ Tutte le figure hanno lo stesso perimetro.

> **Procedi passo passo:**
> - **prima** conta i quadretti e i lati dei quadretti per calcolare aree e perimetri di ogni figura;
> - **poi** confronta i dati che hai ottenuto e segna la risposta corretta.

A 25. L'areogramma rappresenta le preferenze espresse dai bambini riguardo al condimento per la pasta della mensa scolastica.

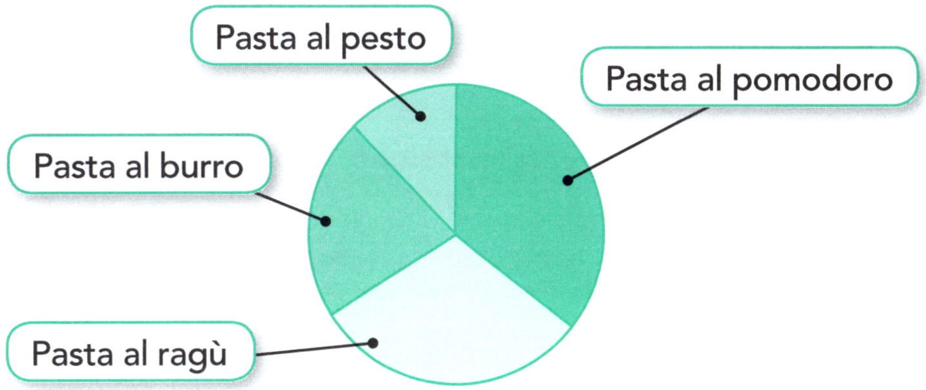

Quale tra queste affermazioni è vera?

A. ☐ Più della metà degli alunni preferisce la pasta al ragù.
B. ☒ La pasta al pesto è la meno preferita dai bambini.
C. ☐ La pasta al pesto e la pasta al burro sono preferite dallo stesso numero di bambini.
D. ☐ La pasta al pomodoro piace meno della pasta al burro.

Procedi passo passo:
- **prima** osserva attentamente il grafico e confronta gli spicchi: a spicchio più grande corrispondono più preferenze;
- **poi** leggi un'affermazione alla volta: verifica per ciascuna l'esattezza. Puoi anche scrivere **vero** o **falso** accanto a ogni affermazione;
- **infine** indica la risposta corretta.

A 26. Marco e Lucia aprono la scatola di cioccolatini e ne mangiano $\frac{1}{3}$.
Adesso nella scatola sono rimasti 12 cioccolatini.
Quanti cioccolatini conteneva la scatola?

A. ☒ 18
B. ☐ 12
C. ☐ 6
D. ☐ 24

I 12 cioccolatini rimasti corrispondono alla frazione complementare, cioè a $\frac{2}{3}$. Calcola a quanti cioccolatini corrisponde $\frac{1}{3}$ e sommalo al numero di cioccolatini rimasti nella scatola.

A 27. Di quanto è stato ruotato, in senso orario, il segnale raffigurato qui sotto?

A. ☒ 90°
B. ☐ 180°
C. ☒ 270°
D. ☐ Un angolo piatto.

Dividi il cerchio del cartello in quattro spicchi uguali, ognuno dei quali corrisponde a una rotazione di 90°, poi osserva la freccia nei due cartelli e calcola di quanti gradi ha ruotato.

Corretto a voce

PROVA 2

A 1. A quale numero corrispondono 14 decine, 6 decimi e 3 millesimi?

A. ☐ 146,03
B. ☐ 140,603
C. ☒ 14,603
D. ☐ 14,63

A 2. In quale dei seguenti gruppi i numeri sono ordinati in modo decrescente?

A. ☒ 149,01 • 149,1 • 149,11 • 150
B. ☐ 150 • 149,01 • 149,1 • 149,11
C. ☐ 150 • 149,01 • 149,11 • 149,1
D. ☒ 150 • 149,11 • 149,1 • 149,01

A 3. Qual è il numero nascosto dietro la carta in questa sequenza di numeri decimali?

0,011	0,017	?	0,029	0,035

A. ☒ 0,023
B. ☐ 0,024
C. ☐ 0,020
D. ☐ 0,027

p. 5 A 8

A 4. Giacomo vuole misurare un lato di un foglietto. Usa il suo righello rotto e lo posiziona come vedi.

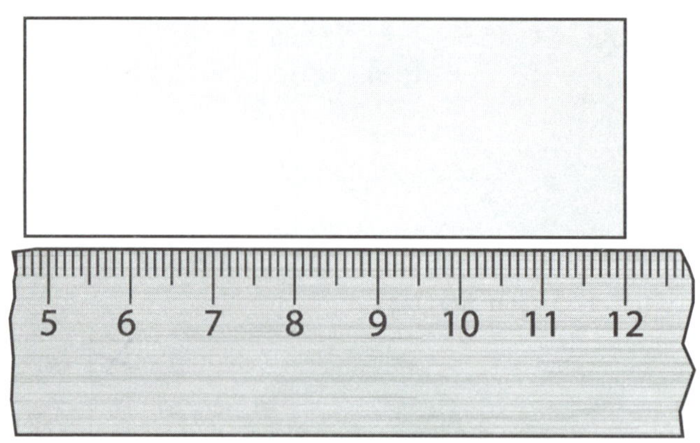

Quanto misura il lato del foglietto?

A. ☐ La misura del lato è 12 cm.
B. ☐ La misura del lato è 8 cm.
C. ☒ La misura del lato è 7,3 cm.
D. ☐ Non si può misurare perché non c'è lo zero.

p. 6 A 11

Audio scaricabile online.

A 5. Quale dei seguenti numeri è più vicino al risultato di 2,9 x 2?

A. ☐ 4,18
B. ☐ 6
C. ☒ 5
D. ☐ 41,8

p. 8
A 18

A 6. Sulla lavagna la maestra ha disegnato dentro due linee parallele un rettangolo, un parallelogramma e un triangolo, tutti con la base uguale.

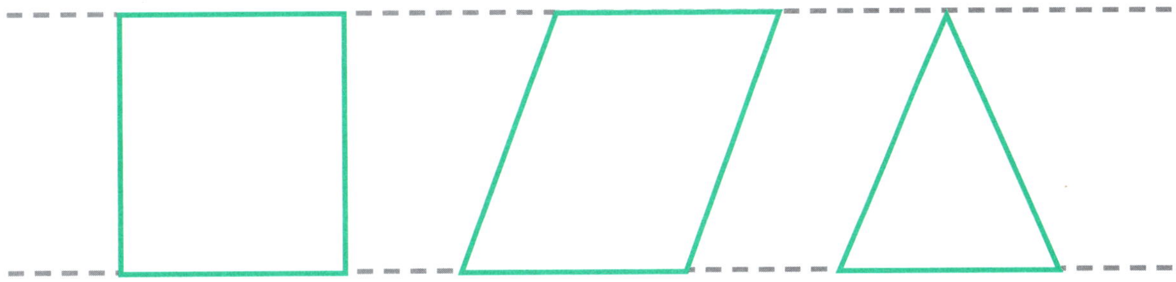

Indica con una **X** per ognuna delle seguenti affermazioni se è vera (V) o falsa (F).

		V	F
a.	L'area del parallelogramma è il doppio di quella del triangolo.	X	
b.	L'area del triangolo è la metà di quella del rettangolo.	X	no
c.	L'area del parallelogramma è maggiore di quella del rettangolo.		X

A 7. Quante ore ci sono nel mese di aprile?

A. ☐ 360 ore.
B. ☒ 720 ore.
C. ☐ 480 ore.
D. ☐ 672 ore.

p. 3
A 1

A 8. La nonna ha regalato a Sara questa scatola di cioccolatini. Quanti hg di cioccolato contiene la scatola?

A. ☒ 2,88 hg
B. ☐ 28,8 hg
C. ☐ 2 880 hg
D. ☐ 288 hg

p. 3
A 2

p. 4
A 6

A 9. Annarita fa una passeggiata e si ferma a osservare la porta di vetro girevole dell'Hotel Luna su cui sono impresse queste lettere:

Una persona entra nell'albergo e la porta ruota di 180° intorno al cardine.
Annarita vede in trasparenza le lettere.
Quale tra queste immagini vede?

A. ☐

B. ☐

C. ☐

D. ☒

A 10. $\frac{1}{4}$ della candela si è consumato e ne sono rimasti 12 cm.

Quanto era alta la candela prima di essere accesa?

A. ☐ 4 cm
B. ☐ 8 cm
C. ☐ 12 cm
D. ☒ 16 cm

p. 11 A 26

A 11. L'area di un quadratino misura 1 cm^2.
Quanto misura l'area della figura?

A. ☐ 10 cm^2
B. ☒ 9 cm^2
C. ☐ 11 cm^2
D. ☒ 8 cm^2

p. 10 A 24

= 1 cm^2

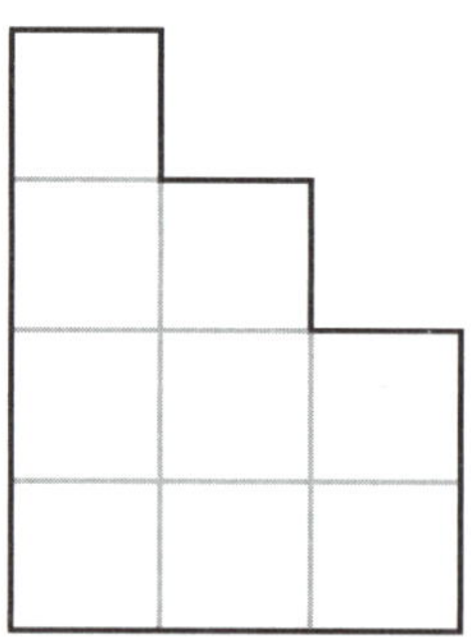

A 12. Che numero si ottiene se si toglie una decina al numero 4100?

A. ☐ 4 190
B. ☐ 4 900
C. ☐ 4 990
D. ☒ 4 090

p. 4
A 4

A 13. Marta si è addormentata alle 22. Alle 7 suona la sveglia.
Quante ore ha dormito?

A. ☐ 7 ore.
B. ☐ 15 ore.
C. ☒ 9 ore.
D. ☒ 8 ore.

A 14. Quali tra questi solidi nasce dalla rotazione di un rettangolo intorno al suo lato maggiore?

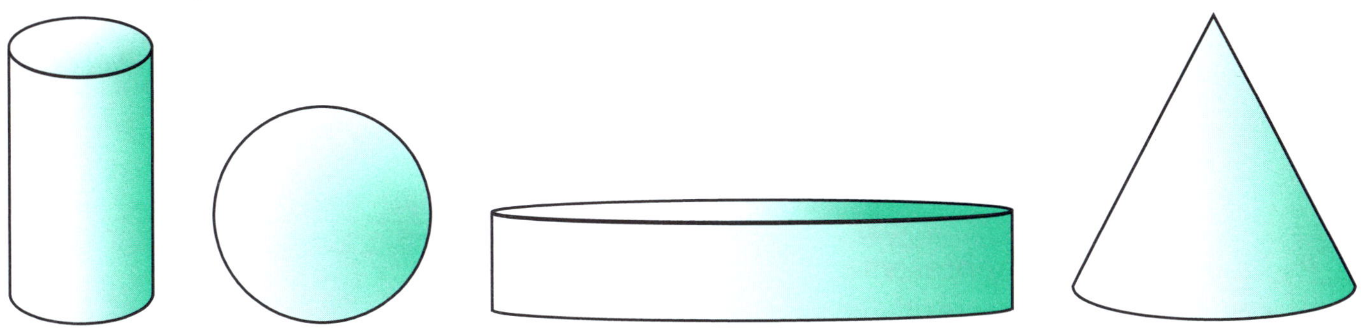

Figura A Figura B Figura C Figura D

A. ☒ Figura A.
B. ☐ Figura B.
C. ☐ Figura C.
D. ☐ Figura D.

A 15. Quale tra le seguenti relazioni è falsa?

A. ☐ 4 000 > 3 999
B. ☐ 2 898 < 2 998
C. ☐ 3 000 < 3 002
D. ☒ 2 999 > 3 000

A 16. Osserva le figure. Ci sono tra esse dei poligoni?

Figura 1

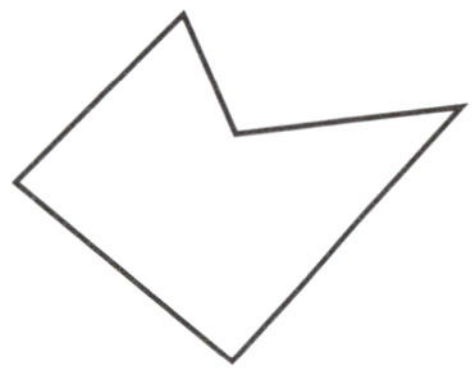

Figura 2

Figura 3

Figura 4

A. ☐ Solo figure 1 e 2.
B. ☐ Solo figura 2.
C. ☐ No, nessuna.
D. ☐ Solo figure 2 e 4.

A 17. Rosita aveva 180 perline e ne ha usate due terzi per formare delle collane. Quante perline può ancora usare Rosita?

A. ☐ 60
B. ☐ 120
C. ☐ 30
D. ☐ 100

A 18. Questo grafico rappresenta i gusti di gelato preferiti da 24 bambini.

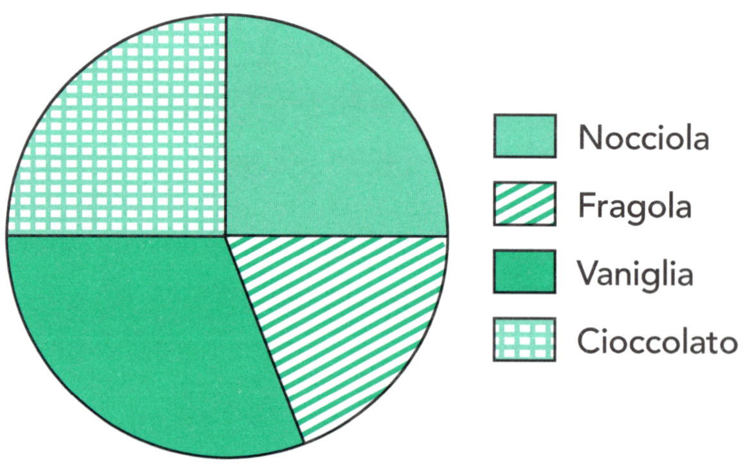

Quale affermazione è vera?

Il gusto di…

A. ☐ vaniglia è preferito da più della metà dei bambini.
B. ☐ nocciola è tanto preferito quanto quello di cioccolato.
C. ☐ fragola è preferito da un quarto dei bambini.
D. ☐ vaniglia è meno preferito di quello di nocciola.

p. 11
A 25

A 19. A quale numero corrispondono 230 decimi?

A. ☐ 2 300
B. ☐ 2,3
C. ☐ 23
D. ☐ 0,23

A 20. Tre signore vanno al bar e spendono 6 euro e 40 centesimi per un caffè e 2 gelati uguali. Se un caffè costa 2 euro, quanto costa un gelato?

A. ☐ 4 euro e 40 centesimi.
B. ☐ 2 euro e 20 centesimi.
C. ☐ 2 euro e 40 centesimi.
D. ☐ 1 euro e 20 centesimi.

A 21. Quante mele ci possono essere in due chilogrammi?

A. ☐ Circa cento.
B. ☐ Circa una dozzina.
C. ☐ Circa cinquanta.
D. ☐ Al massimo due.

A 22. Dopo le vacanze estive, Claudia porta in classe alcune conchiglie da dividere con i suoi compagni. La classe è formata da 24 alunni e gliene spetta una a testa. Se le conchiglie venissero divise in parti uguali tra 6 bambini, quante conchiglie avrebbe ogni bambino?

A. ☐ 2 B. ☐ 3 C. ☐ 4 D. ☐ 6

A 23. Ludovica parcheggia nel garage di un grattacielo che si trova al terzo piano sotto il livello zero (piano terra). Poi sale in ascensore per 21 piani. A quale piano Ludovica uscirà dall'ascensore?

A. ☐ 16 B. ☐ 18 C. ☐ 19 D. ☐ 20

A 24. Nell'ambito di un'inchiesta sugli alimenti preferiti per la colazione, sono state intervistate 10 000 persone.

Ecco i risultati ottenuti:

- 800 persone preferiscono caffè e brioche;
- 2 500 persone preferiscono un frutto e un bicchiere di latte;
- 5 000 persone preferiscono fette biscottate e marmellata;
- 1 700 persone preferiscono latte e biscotti.

Quale grafico rappresenta correttamente il risultato dell'indagine svolta?

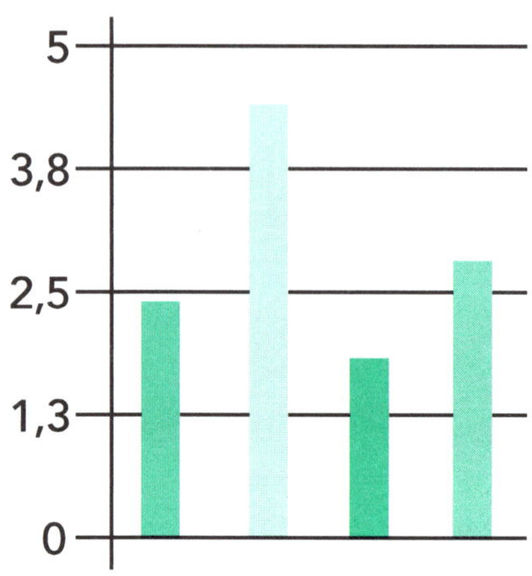

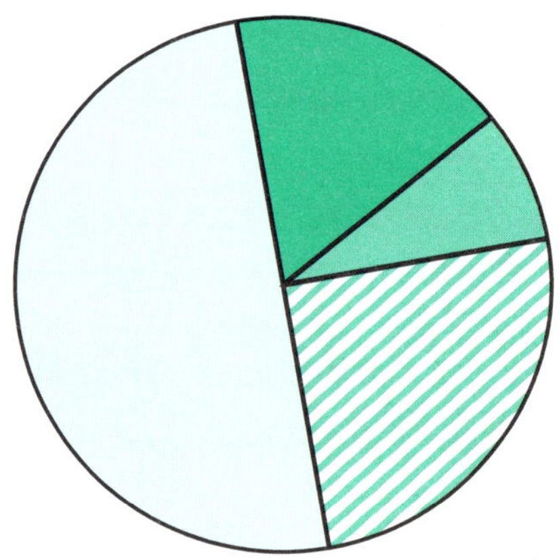

ALIMENTI	PREFERENZE
Caffè e brioche.	★
Un frutto e un bicchiere di latte.	★★
Fette biscottate e marmellata.	★★★★
Latte e biscotti.	★★

★ = 1 000 persone

A. ☐ Areogramma.
B. ☐ Istogramma.
C. ☐ Ideogramma.
D. ☐ Tutti e tre.

A 25. In ognuno dei due disegni, cerchia tra le tre figure date quella simmetrica rispetto alla retta *r*.

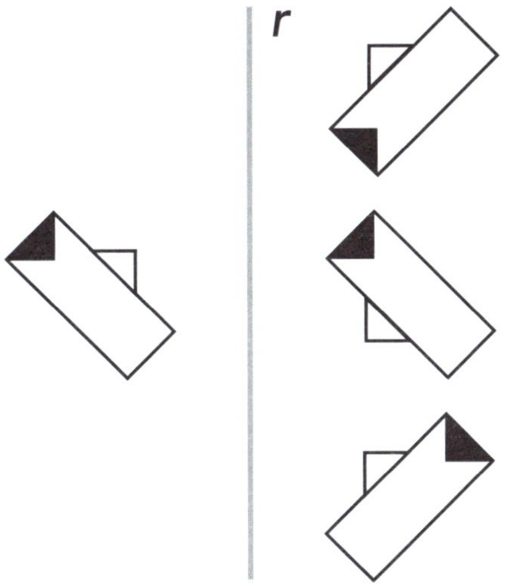

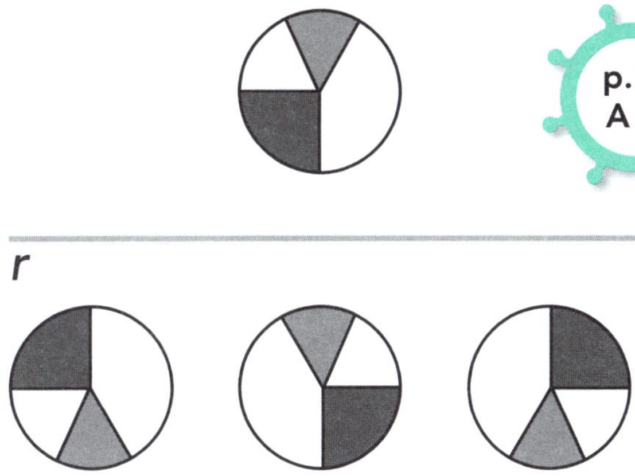

p. 3
A 3

A 26. Giancarlo osserva da due diversi punti di vista (dall'alto e da un lato) la figura rappresentata qui sotto. Che cosa vede?

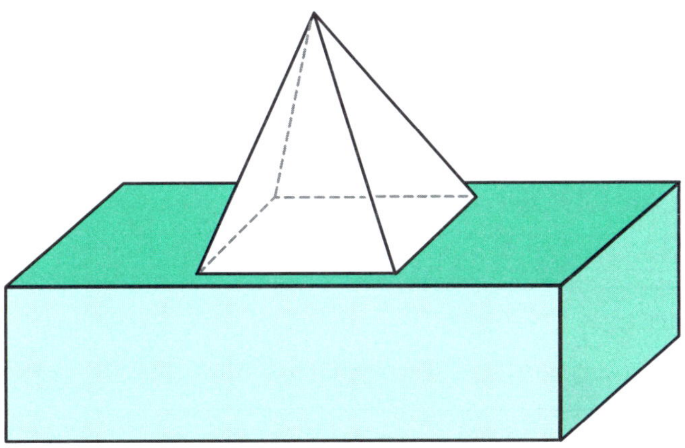

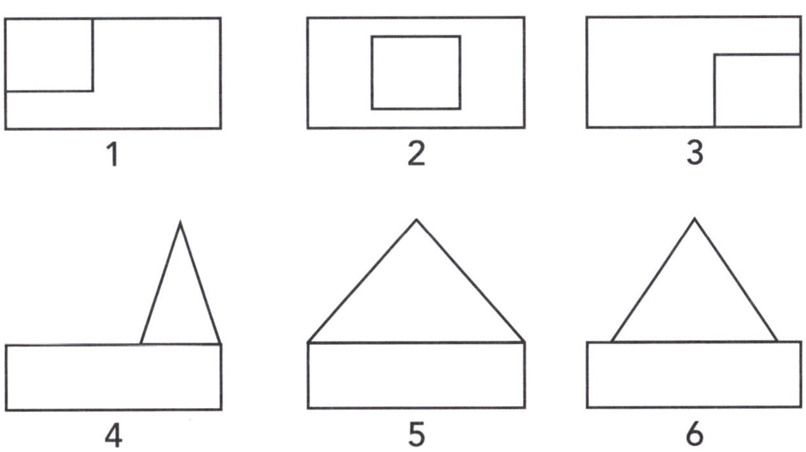

A. ☐ 1 e 5 B. ☐ 2 e 6 C. ☐ 2 e 4 D. ☐ 3 e 6

A 27. Per il suo compleanno Francesco ha ricevuto in regalo il bersaglio rappresentato qui sotto. Il bersaglio è formato da 6 triangoli equilateri che contengono diversi disegni.

Indica con una **X** se le affermazioni sono vere (V) o false (F).

p. 8 A 17

		V	F
a.	È più probabile colpire un triangolo con CUORI che colpire un triangolo con QUADRI.		
b.	È meno probabile colpire un triangolo con PICCHE che un triangolo con QUADRI.		
c.	La probabilità di colpire un triangolo con QUADRI è uguale alla probabilità di colpire un triangolo con PICCHE.		
d.	La probabilità di colpire un triangolo con FIORI è uguale alla probabilità di colpire un triangolo con CUORI.		

Confronta le tue risposte con quelle esatte, poi scrivi i punteggi ottenuti.
Risposta esatta = 1 punto **Risposta sbagliata** = 0 punti

PROVA GUIDATA 1

NUMERO QUESITO	RISPOSTA ESATTA	RISPOSTA DATA	PUNTEGGIO
A 1	....	....	....
A 2	....	....	....
A 3	....	....	....
A 4	....	....	....
A 5	....	....	....
A 6	....	....	....
A 7	....	....	....
A 8	....	....	....
A 9	....	....	....
A 10	a. .... b.	a. .... b.	....
A 11	....	....	....
A 12	....	....	....
A 13	....	....	....
A 14	a. .... b. .... c.	a. .... b. .... c.	....
A 15	....	....	....
A 16	....	....	....
A 17	....	....	....
A 18	....	....	....
A 19	....	....	....
A 20	....	....	....
A 21	....	....	....
A 22	a. .... b. .... c. .... d. .... e.	a. .... b. .... c. .... d. .... e.	....
A 23	....	....	....
A 24	a. .... b.	a. .... b.	....
A 25	....	....	....
A 26	....	....	....
A 27	....	....	....
PUNTEGGIO PROVA 1			........./35

PROVA AUTONOMA 2

NUMERO QUESITO	RISPOSTA ESATTA	RISPOSTA DATA	PUNTEGGIO
A 1	....	....	....
A 2	....	....	....
A 3	....	....	....
A 4	....	....	....
A 5	....	....	....
A 6	a. .... b. .... c.	a. .... b. .... c.	....
A 7	....	....	....
A 8	....	....	....
A 9	....	....	....
A 10	....	....	....
A 11	....	....	....
A 12	....	....	....
A 13	....	....	....
A 14	....	....	....
A 15	....	....	....
A 16	....	....	....
A 17	....	....	....
A 18	....	....	....
A 19	....	....	....
A 20	....	....	....
A 21	....	....	....
A 22	....	....	....
A 23	....	....	....
A 24	....	....	....
A 25	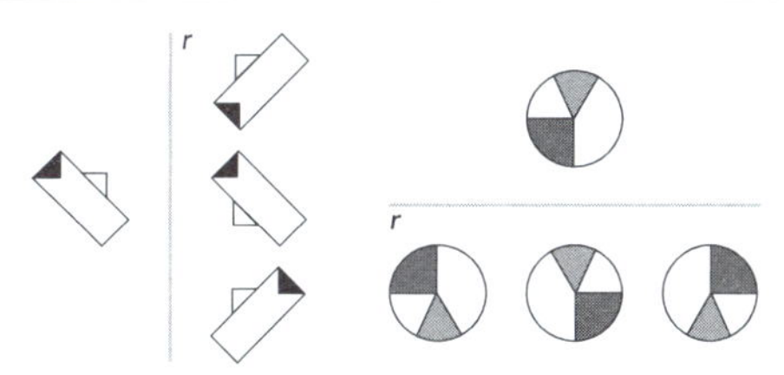		....
A 26	....	....	....
A 27	a. .... b. .... c. .... d.	a. .... b. .... c. .... d.	....
PUNTEGGIO PROVA 2			........./32

PROVA 3

A 1. Nella classe di Sara i maschi sono il doppio delle femmine.
Se le femmine sono 7, quanti sono gli alunni della classe?

ALUNNI DELLA CLASSE

femmine: ....

maschi: ....

Trova prima il dato che si nasconde nella parola **doppio**, che funziona come un vero e proprio operatore. Poi prova a immaginare la situazione rappresentata in uno schema come questo, completa e rispondi.

A. ☐ 20 B. ☐ 21 C. ☐ 24 D. ☐ 14

Indica con una **X** il procedimento che hai utilizzato per calcolare il risultato.

☐ Ho calcolato prima quanti erano i maschi e poi ho sommato il risultato al numero delle femmine.

☐ Ho moltiplicato il numero delle femmine per tre perché un numero più il suo doppio è uguale al suo triplo.

☐ Ho moltiplicato per due il numero delle femmine perché i maschi sono il doppio.

A 2. Quale dei seguenti numeri corrisponde a $\frac{8}{100}$?

A. ☐ 800
B. ☐ 0,080
C. ☐ 0,008
D. ☐ 8

Rifletti. Il numero 8 nella frazione rappresenta i centesimi; quindi occupa il posto dei centesimi anche nel numero decimale.

Audio scaricabile online.

A 3. Osserva questi angoli e indica con una X se le affermazioni sono vere (V) o false (F).

	ANGOLI	V	F
a.	A è minore di B.		
b.	E è uguale a F.		
c.	D ed E sono retti.		
d.	D è minore di C.		
e.	B è ottuso.		
f.	F è acuto.		
g.	B è minore di E.		

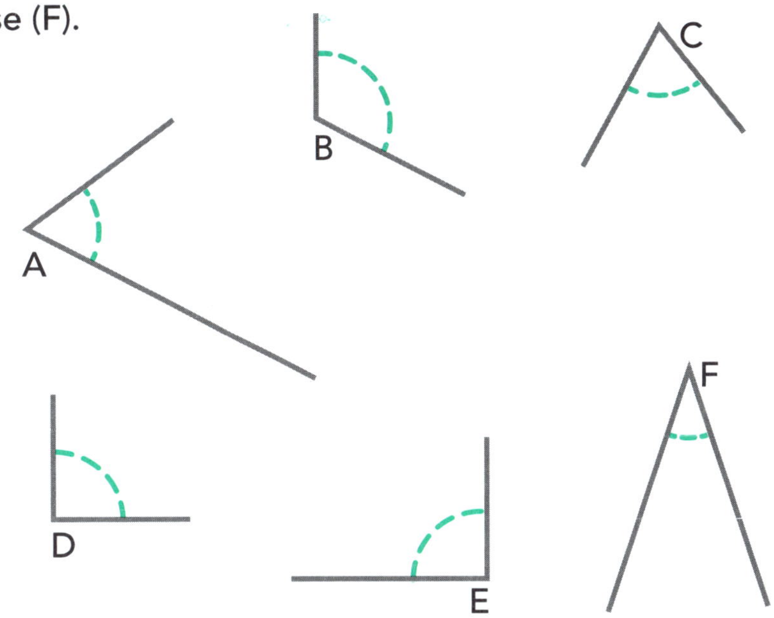

A 4. 18 x 35 è maggiore di 18 x 34.
Di quanto è maggiore?

A. ☐ 1
B. ☐ 18
C. ☐ 134
D. ☐ 35

Puoi rispondere anche senza eseguire le due operazioni.
Osserva il primo fattore di ciascuna moltiplicazione: è uguale in entrambe le operazioni.
Quale delle due operazioni ha il secondo fattore maggiore?
Qual è la differenza tra i secondi fattori?
Moltiplica questa differenza per il primo fattore per ottenere la differenza tra i prodotti.

A 5. Che cosa devi fare a ciascun numero della colonna A per ottenere il numero a fianco della colonna B?

Colonna A	Colonna B
2	10
4	20
7	35
10	50

Scopri la regola per trasformare il numero della colonna A in quello della colonna B e verifica che si possa applicare a tutte le coppie di numeri.

A. ☐ Sottrarre 8.
B. ☐ Aggiungere 8.
C. ☐ Moltiplicare per 5.
D. ☐ Dividere per 5.

A 6. La scuola di Matteo ha organizzato una raccolta di bottiglie di plastica da riciclare. Questo è il grafico della raccolta svolta in cinque classi.

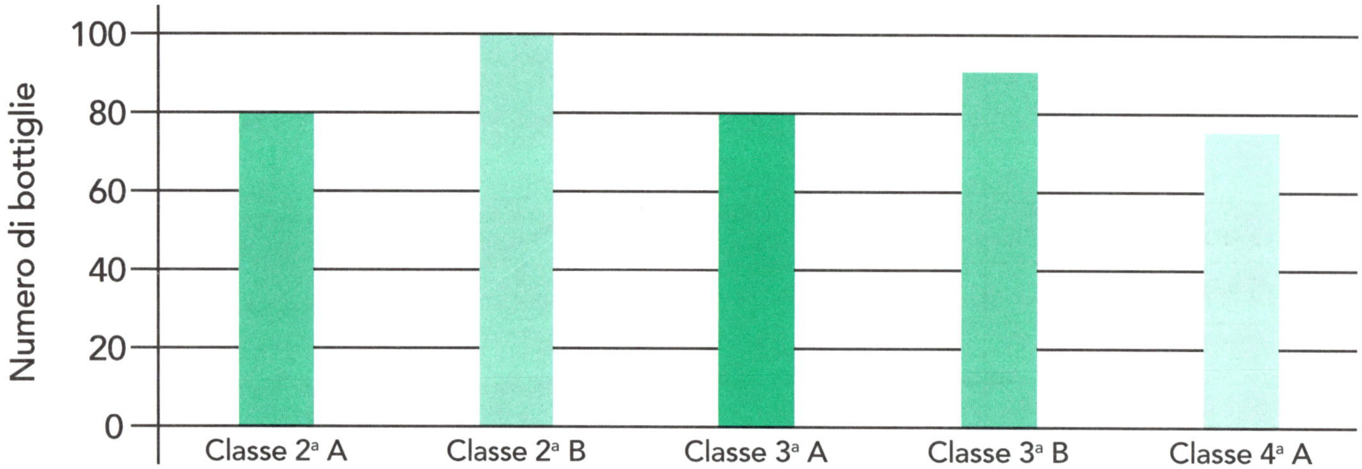

a. Quali classi hanno raccolto 80 bottiglie?
Risposta: ....

b. Quale classe ha raccolto più bottiglie?
Risposta: ....

c. Il numero complessivo delle bottiglie raccolte raggiunge i 330 pezzi?
Risposta: ....

RICORDA
A volte i grafici ti aiutano a dare le risposte... "a colpo d'occhio".
Risposta c. Osserva il valore minore: è superiore a 70? Se moltiplichi il suo valore approssimato per il numero delle classi, ottieni un numero uguale o maggiore di 330?

A 7. Nel 2016, il compleanno di Valentina è stato venerdì 1 luglio. Valentina è partita per le vacanze al mare esattamente 3 settimane dopo. Che giorno è partita?

LUGLIO 2016

Lunedì	Martedì	Mercoledì	Giovedì	Venerdì	Sabato	Domenica
				1	2	3
4	5	6	7	8	9	10
11	12	13	14	15	16	17
18	19	20	21	22	23	24
25	26	27	28	29	30	31

A. ☐ 15 luglio.
B. ☐ 19 luglio.
C. ☐ 22 luglio.
D. ☐ 29 luglio.

Con la pagina del calendario sott'occhio non hai bisogno di contare. Basta cercare sul calendario il terzo venerdì dopo quello in cui Valentina ha compiuto gli anni. Altrimenti devi calcolare il numero dei giorni che separano il compleanno di Valentina dalla sua partenza e sommarlo a 1, che è la data iniziale. Per fare questo, devi utilizzare un dato nascosto nel testo.

A 8. Quattro amiche si sono divertite a misurare le loro altezze.
Hanno realizzato questo grafico:

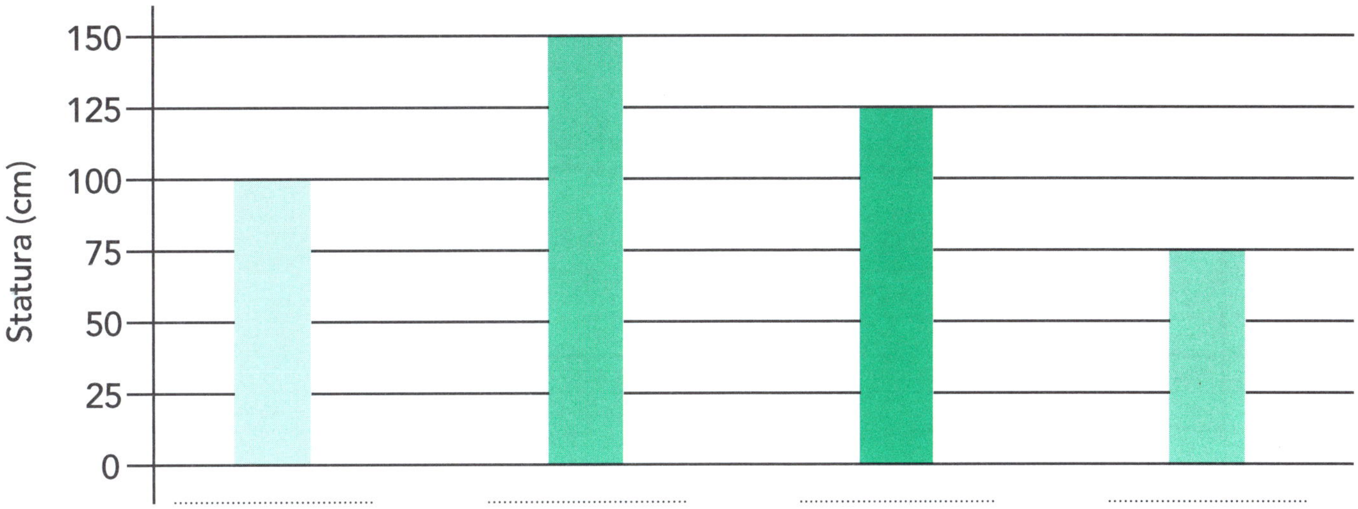

Anna è la più alta, Bianca è la più bassa e Renata è più alta di Federica.
Quanto è alta Federica? Completa il grafico con i nomi delle bambine e rispondi.

A. ☐ 100 cm.
B. ☐ 125 cm.
C. ☐ 75 cm.
D. ☐ 150 cm.

Procedi per esclusione in base alla descrizione: prima individua le colonne di Anna e Bianca, tra le due colonne restanti osserva la più bassa (perché Renata è più alta) e leggi sulla scala graduata il valore che corrisponde alla sua altezza.

A 9. Un costruttore sta realizzando i giardini di pari estensione di due ville. Posiziona in ciascun giardino una piscina di uguali dimensioni come vedi nelle immagini.

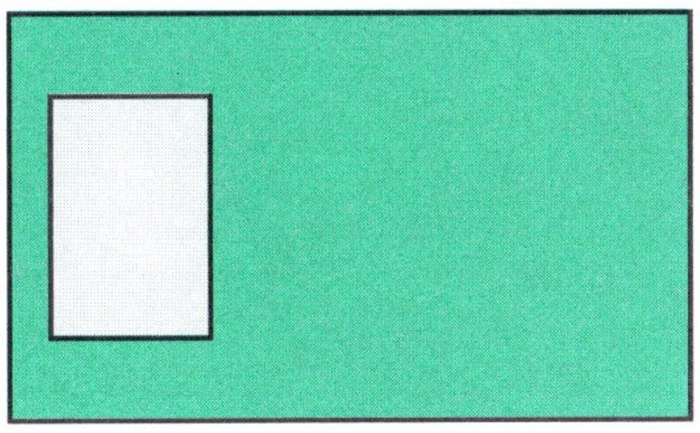
Giardino1

Giardino 2

La parte di erba che rimane è maggiore nel giardino 1 o nel giardino 2?

A. ☐ Nel giardino 1.
B. ☐ Nel giardino 2.
C. ☐ È uguale.
D. ☐ Non si può sapere.

A 10. Indica con una **X** la casetta che rappresenta la figura A in scala 1 : 2.

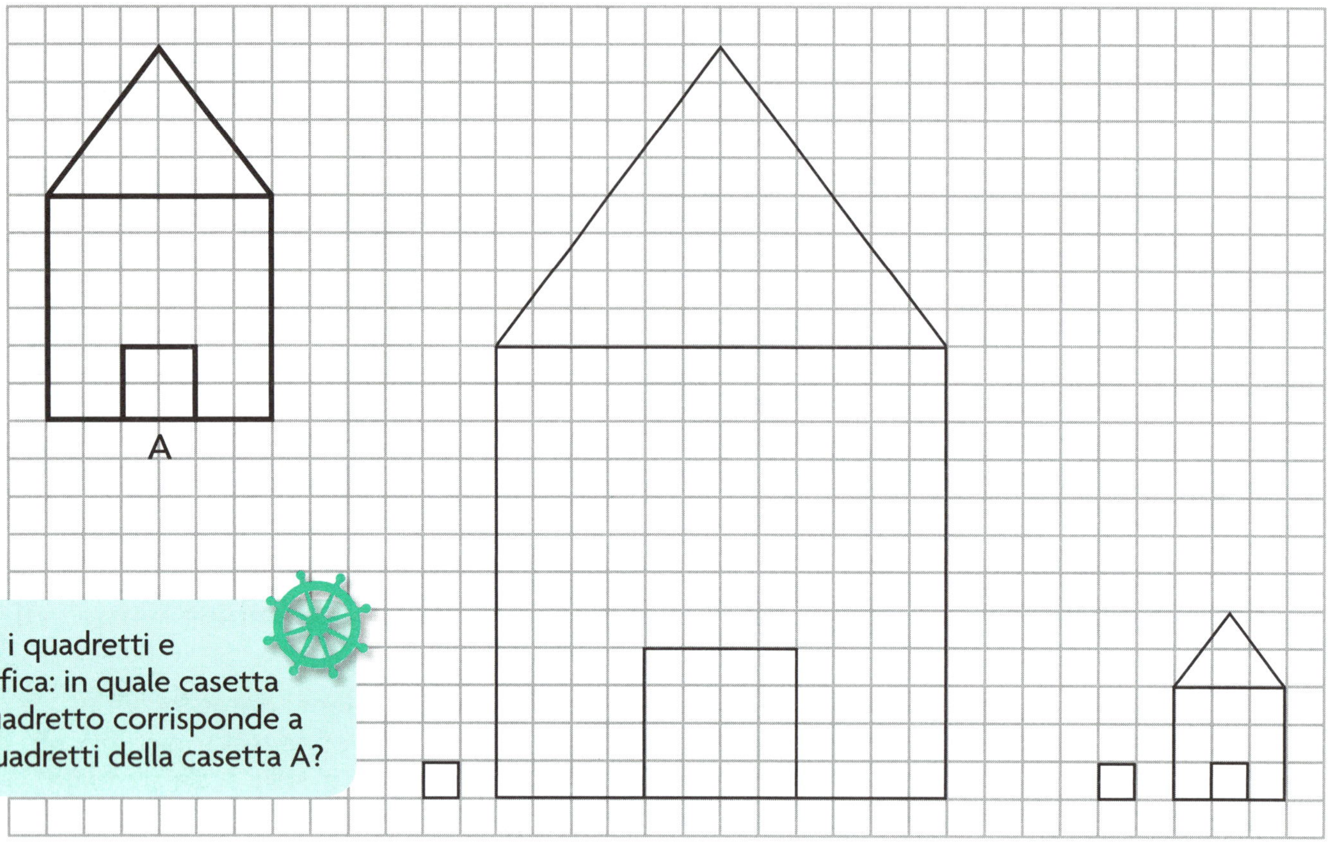

Usa i quadretti e verifica: in quale casetta 1 quadretto corrisponde a 2 quadretti della casetta A?

A 11. Quale frazione è uguale al numero 30,985?

Osserva la parte decimale del numero: a quale frazione decimale corrisponde la cifra 5? Usala come punto di partenza per scrivere la frazione.

A. ☐ $\frac{30\,985}{100}$ B. ☐ $\frac{30\,985}{1\,000}$ C. ☐ $\frac{30\,985}{10}$ D. ☐ $\frac{30\,985}{50}$

A 12. Da quali figure è formata questa illustrazione presa da un libro di fantascienza?

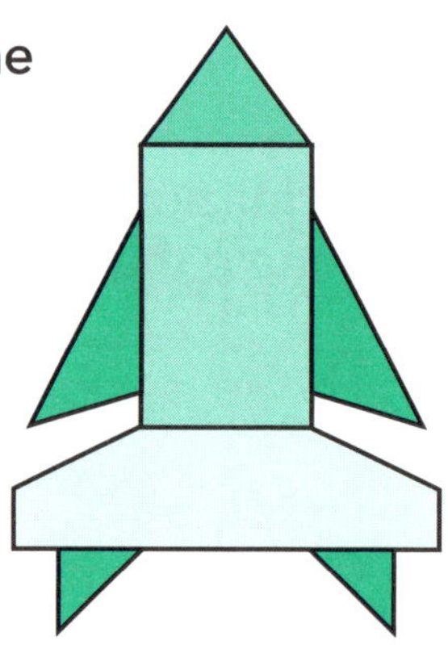

A. ☐ 4 triangoli, 1 rettangolo, 1 trapezio.
B. ☐ 5 triangoli, 2 rettangoli.
C. ☐ 5 triangoli, 1 rettangolo, 1 esagono.
D. ☐ 5 triangoli, 1 rettangolo, 1 trapezio.

Quali sono le caratteristiche di un esagono? Ricordati che i poligoni possono essere irregolari e quindi non avere tutti i lati e gli angoli uguali.

A 13. Riccardo conta le sue monete.

Quanto gli resterà in euro dopo che avrà speso 1 euro e 56 centesimi per un gelato?

Risposta: ....

A 14. Per preparare 6 tendine all'uncinetto Roberta utilizza 8 gomitoli di cotone. Quanti gomitoli dello stesso cotone dovrà utilizzare per preparare 18 tendine?

A. ☐ 24 B. ☐ 14 C. ☐ 48 D. ☐ 20

A 15. Quale tra queste disuguaglianze è falsa?

A. ☐ 5,6 > 5,595
B. ☐ 2,43 < 2,599
C. ☐ 1,45 > 1,463
D. ☐ 2,64 < 2,76

Osserva: la parte non decimale di ogni coppia di numeri è uguale, quindi confronta direttamente la parte decimale. Se necessario, pareggia gli zeri della parte decimale.

A 16. Sono le 16 e 36 e Antonella è alla stazione. Il suo treno partirà alle 17 e 11. Quanti minuti deve ancora aspettare?

A. ☐ 30 minuti.
B. ☐ 35 minuti.
C. ☐ 45 minuti.
D. ☐ 55 minuti.

Scegli uno dei due possibili procedimenti.

Procedimento n. 1
Conta i minuti che mancano alle ore 17 e poi aggiungi quelli che vanno oltre le ore 17.

Procedimento n. 2
Sottrai all'orario della partenza del treno, quello dell'arrivo di Antonella in stazione. Ricordati però che la misurazione del tempo segue un sistema sessagesimale, quindi devi effettuare il cambio: 1 h = 60 minuti.

A 17. Quale tra le seguenti affermazioni è sempre vera?

A. ☐ È probabile che domani farà freddo.
B. ☐ È poco probabile che se lancio un dado venga 1.
C. ☐ È impossibile che se lancio due dadi (con le facce numerate da 1 a 6) la somma dei punti sia 13.
D. ☐ È certo che tra 1 mese andrò in vacanza.

A 18. La mamma di Aldo acquista alcuni cubetti di lievito da 25 g ciascuno. Se un cubetto di lievito serve per 500 g di farina, quanti cubetti dovrà usare la mamma se vuole usare 2 kg di farina per fare la pizza?

A. ☐ 3
B. ☐ 4
C. ☐ 8
D. ☐ 10

RICORDA
1000 g = 1 kg, quindi **500 g = 0,5 kg**, cioè mezzo chilo.

Escludi dai dati quello inutile e poi rifletti: quanti mezzi chili di farina ci vogliono per fare un chilo intero? E per farne due?

A 19. Osserva i seguenti numeri.

6 030 • 513 • 231 • 96

I numeri sono:

A. ☐ Tutti pari.
B. ☐ Tutti multipli di cinque.
C. ☐ Tutti minori di 1 000.
D. ☐ Tutti multipli di tre.

Escludi a mano a mano le descrizioni verificandole sui numeri dati. Per passare alla descrizione successiva è sufficiente che un solo numero non abbia le caratteristiche indicate dalla descrizione, senza dover fare la verifica su tutti gli altri numeri.

A 20. Per la festa dei suoi 11 anni Giovanni fa preparare 48 pasticcini di qualità diverse: metà alla marmellata, un quarto al cioccolato, un sesto alla panna e il resto alla frutta. Quanti sono i pasticcini alla frutta?

Calcola prima il valore corrispondente a ciascuna frazione. Poi sottrai la loro somma al numero totale di pasticcini.

A. ☐ 4 B. ☐ 10 C. ☐ 12 D. ☐ 18

A 21. Quale frazione dell'area del quadrilatero rappresenta la parte colorata?

Il denominatore della frazione corrisponde al numero di tutte le parti uguali in cui il rettangolo è stato suddiviso. Conta le parti colorate per trovare il numeratore.

A. ☐ $\frac{3}{16}$ B. ☐ $\frac{3}{4}$ C. ☐ $\frac{6}{16}$ D. ☐ $\frac{6}{8}$

A 22. Daniele arriva al parco acquatico e guarda l'orologio: segna le 14 e 46. Marta lo raggiunge 1 ora e 25 minuti dopo.

a. A che ora è arrivata Marta?

A. ☐ 15 e 57
B. ☐ 16 e 11
C. ☐ 15 e 11
D. ☐ 16 e 25

b. A che ora Daniele e Marta lasciano il parco acquatico se hanno trascorso insieme 3 ore e 15 minuti?
Risposta: ....

A 23. Quale o quali dei seguenti oggetti può essere descritto con questa frase: "Ha 6 facce, 12 spigoli, 8 vertici"?

Oggetto 1

Oggetto 2

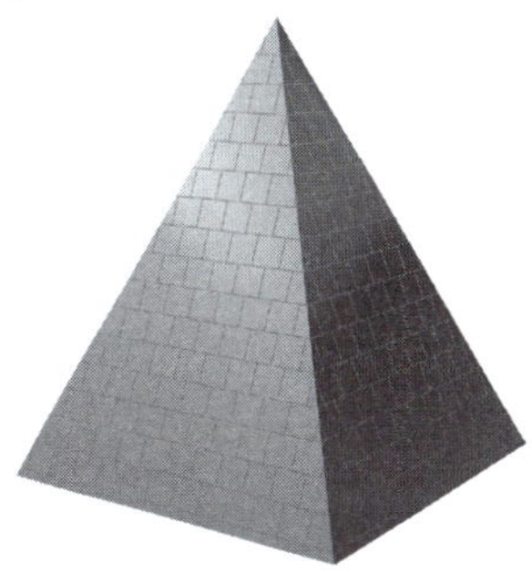

Oggetto 3

A. ☐ Nessuno.
B. ☐ Solo l'oggetto 2.
C. ☐ L'oggetto 1 e l'oggetto 2.
D. ☐ Tutti.

Considera anche gli spigoli, i vertici e le facce che non vedi perché sono nascosti.

A 24. Che cosa bisogna scrivere al posto del punto di domanda per completare in modo corretto questo confronto?

– 3 ? – 8

RICORDA
I **numeri relativi** si comportano all'opposto di quelli naturali.
Più si allontanano dallo zero, più il loro valore diminuisce.

A. ☐ >   B. ☐ <   C. ☐ =   D. ☐ Non si può sapere.

A 25. In una scuola i $\frac{3}{7}$ degli alunni sono maschi mentre i $\frac{12}{21}$ sono femmine.
Sono più i maschi o le femmine?

A. ☐ I maschi.
B. ☐ Sono lo stesso numero.
C. ☐ Le femmine.
D. ☐ Non si possono confrontare due frazioni diverse.

Trasforma, moltiplicando o dividendo, le frazioni in modo che abbiano lo stesso numeratore o lo stesso denominatore, così da poterle confrontare. Adesso sarà facile confrontarle e capire se sono più i maschi o le femmine.

A 26. Nel borsellino Laura ha queste monete:

Laura può acquistare 3 pacchetti di figurine che costano 2 euro al pacchetto?

A. ☐ No.
B. ☐ Sì, e le restano 20 centesimi.
C. ☐ Sì, e le restano 2 euro.
D. ☐ Sì, e le restano 50 centesimi.

A 27. Quando giochi a lanciare un dado, quante probabilità hai che esca un numero primo?

Quanti sono i casi favorevoli? In questo caso, cioè, quanti numeri primi ci sono in un dado? Dividi il numero di casi favorevoli ottenuto per il numero di casi possibili, cioè le facce del dado.

A. ☐ $\frac{2}{6}$ B. ☐ $\frac{3}{6}$ C. ☐ $\frac{4}{6}$ D. ☐ $\frac{5}{6}$

A 28. Questa è la mappa della città dove vive Alina. La casa di Alina si trova nel punto indicato con A. Le sue coordinate sono (C, 6). La bambina va a trovare sua nonna che abita in B.

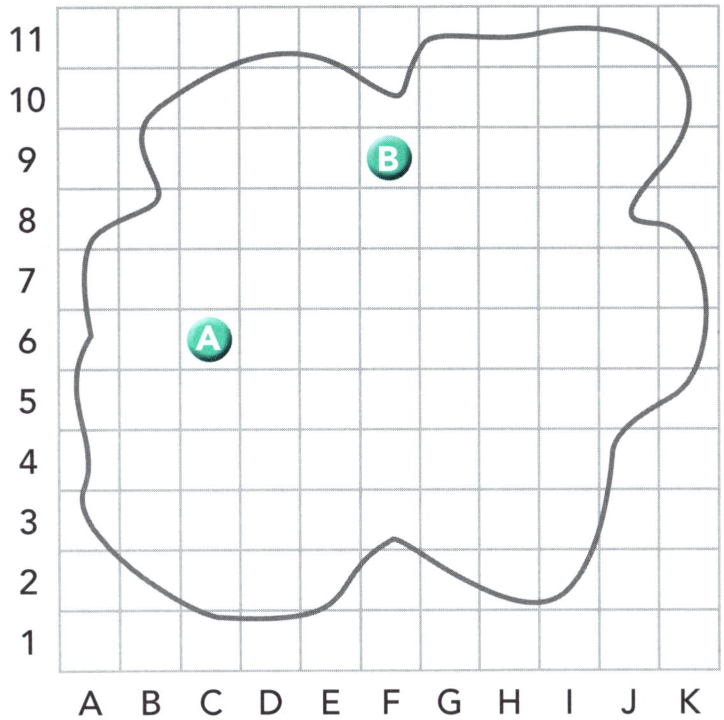

Quali sono le coordinate della casa della nonna?

A. ☐ (F, 9)
B. ☐ (F, 5)
C. ☐ (D, 2)
D. ☐ (B, 9)

A 29. Quanti quadrati vedi nelle tre figure?

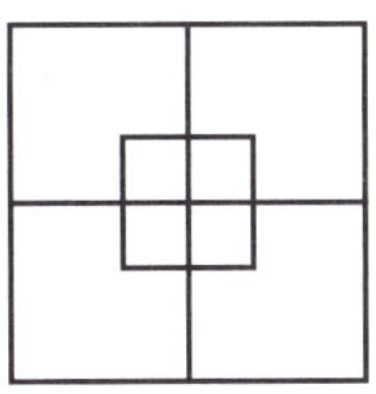

Figura 1

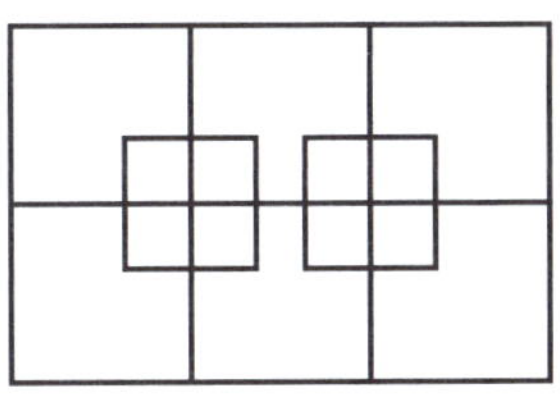

Figura 2

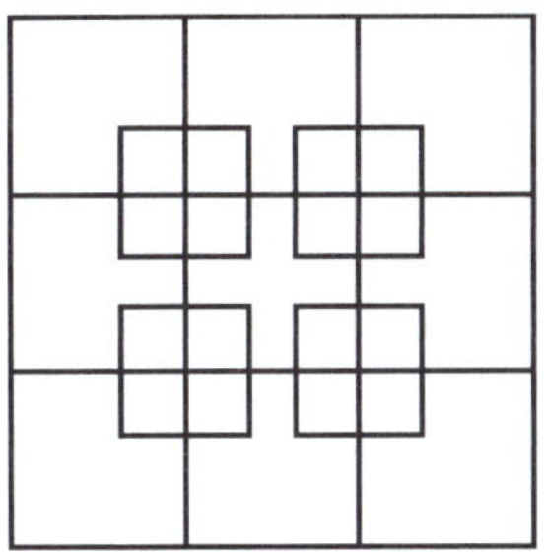

Figura 3

A. ☐ 10 • 18 • 34
B. ☐ 12 • 20 • 36
C. ☐ 14 • 18 • 32
D. ☐ 10 • 20 • 30

Per evitare di contare due volte lo stesso quadrato, ripassa nella prima figura i quadrati a mano a mano che li trovi e contali. Ripeti l'operazione con le figure successive.

PROVA 4

A 1. Durante il campionato di basket Roberta ha segnato il triplo dei canestri di Lucia. In tutto hanno fatto 36 canestri. Quanti canestri ha fatto Roberta?

p. 22 A 1

A. ☐ 18 B. ☐ 9 C. ☐ 27 D. ☐ 12

A 2. Quale delle seguenti frazioni corrisponde al numero 12,034?

p. 26 A 11

A. ☐ $\frac{12\,034}{10}$ B. ☐ $\frac{12\,034}{1\,000}$ C. ☐ $\frac{12\,034}{100}$ D. ☐ $\frac{12\,034}{20}$

A 3. Caterina vuole costruire con il cartoncino un portamatite come quello qui accanto.

Caterina ritaglia dal cartoncino diverse forme.
Indica quale gruppo di forme permette di realizzare il portamatite.

A. ☐ Gruppo 1. B. ☐ Gruppo 2. C. ☐ Gruppo 3. D. ☐ Gruppo 4.

A 4. Per fare una torta per 10 persone occorrono 360 grammi di farina e 240 di burro. Se un pasticcere impasta 540 grammi di farina e 360 grammi di burro, per quante persone sta preparando la torta?

A. ☐ 20 persone.
B. ☐ 12 persone.
C. ☐ 15 persone.
D. ☐ Non si può dire.

Audio scaricabile online.

A 5. La maestra ha disegnato sulla lavagna digitale le figure A e B. Poi ha chiesto agli alunni di indicare l'affermazione corretta tra quelle che ha proposto.

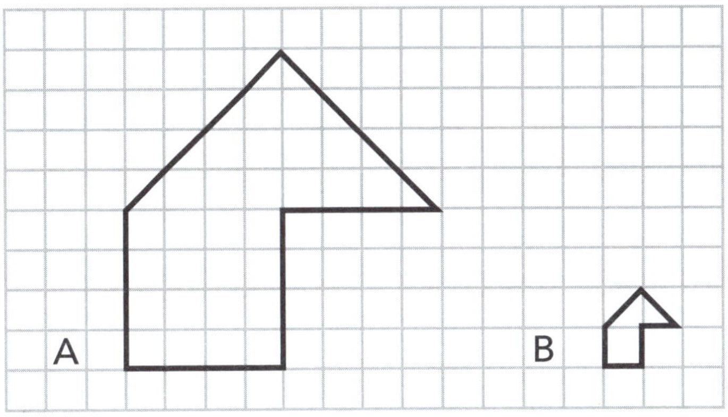

A. ☐ La figura A e la figura B sono simmetriche.
B. ☐ La figura A e la figura B sono equivalenti.
C. ☐ Tra la figura A e la figura B c'è un rapporto di similitudine 4 : 1
D. ☐ La figura A e la figura B sono congruenti.

p. 26 A 10

A 6. Il grafico rappresenta quanti alunni di una classe hanno mangiato per merenda la frutta in una settimana.

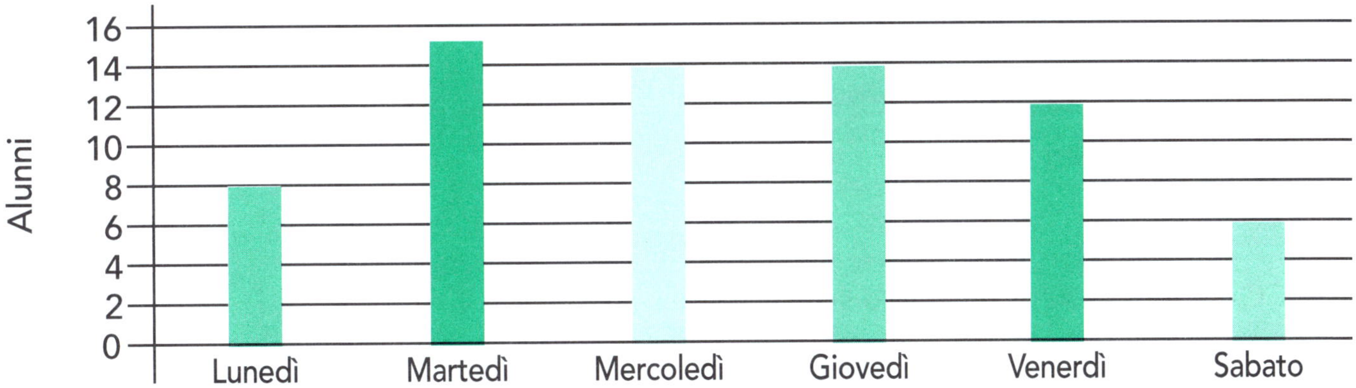

Quali delle seguenti informazioni si possono ricavare dal grafico?

		Sì	No
a.	Tutti gli alunni hanno mangiato la frutta a merenda durante la settimana.		
b.	Tutti i giorni almeno 6 alunni hanno mangiato la frutta.		
c.	Gli alunni della classe sono in tutto 15.		
d.	Il martedì è il giorno in cui più alunni hanno mangiato la frutta.		
e.	Ci sono almeno due giorni in cui la frutta è stata mangiata dallo stesso numero di alunni.		

A 7. Qual è il numero nascosto dalla macchia che rende vera la seguente uguaglianza?

2 x 10 = 0,5 x 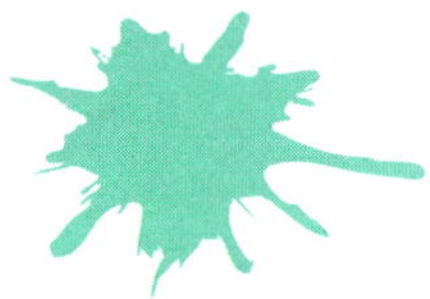

A. ☐ 40   B. ☐ 20   C. ☐ 0,5   D. ☐ 4

A 8. Metti in ordine gli angoli dal meno ampio al più ampio.
Qual è la sequenza corretta?

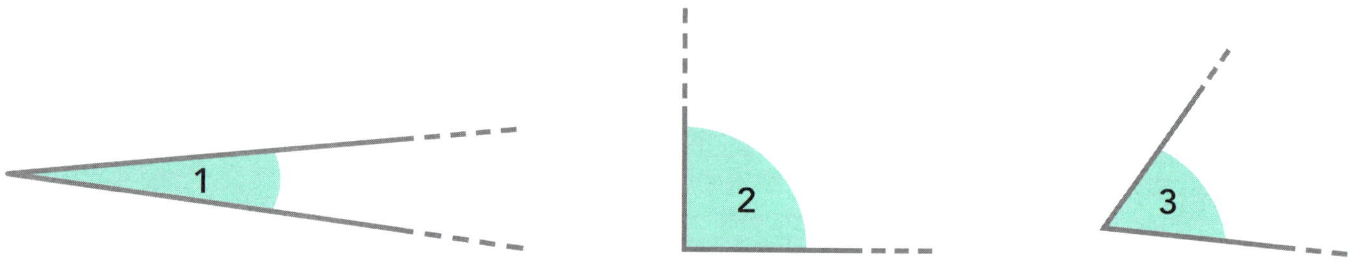

A. ☐ Angolo 1 • angolo 3 • angolo 2.
B. ☐ Angolo 1 • angolo 2 • angolo 3.
C. ☐ Angolo 3 • angolo 2 • angolo 1.
D. ☐ Angolo 3 • angolo 1 • angolo 2.

A 9. Qual è il numero nascosto sotto la stella?

0,012   0, 017      0,027   0,032

A. ☐ 0,005   B. ☐ 0,022   C. ☐ 0,020   D. ☐ 0,122

A 10. Collega tra loro le frazioni e i numeri corrispondenti
e completa con il numero e la frazione mancanti.

$\frac{5}{10}$ $\frac{10}{5}$ $\frac{2}{100}$ $\frac{2}{5}$ $\frac{15}{5}$ ....

2   0,5   0,02   0,3   0,4

A 11. Osserva questi numeri.

3 865 • 760 • 2 005 • 40

I numeri sono:

A. ☐ Tutti maggiori di 2 000.
B. ☐ Tutti multipli di tre.
C. ☐ Tutti multipli di cinque.
D. ☐ Tutti minori di 30.

p. 28
A 19

A 12. Quali delle seguenti figure hanno la stessa area?

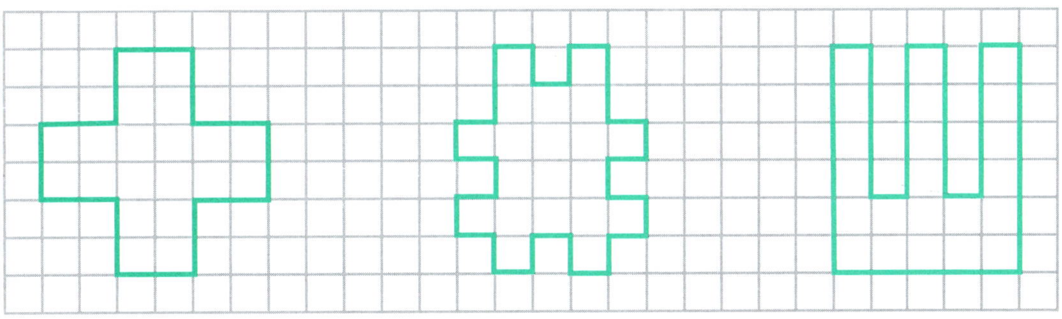

Figura 1 Figura 2 Figura 3

A. ☐ Figura 1 e figura 2.
B. ☐ Figura 1 e figura 3.
C. ☐ Figura 2 e figura 3.
D. ☐ Tutte le figure hanno aree diverse tra loro.

A 13. Maria vuole fare indovinare a sua sorella il numero che ha pensato e le fornisce queste informazioni.

È un numero:
- pari;
- minore di 40;
- maggiore di 30;
- si può dividere esattamente per 6.

p. 9
A 20

Qual è il numero pensato da Maria?

A. ☐ 39 B. ☐ 38 C. ☐ 36 D. ☐ 34

A 14. Trova in quale incrocio si trova la località "La Vetta".

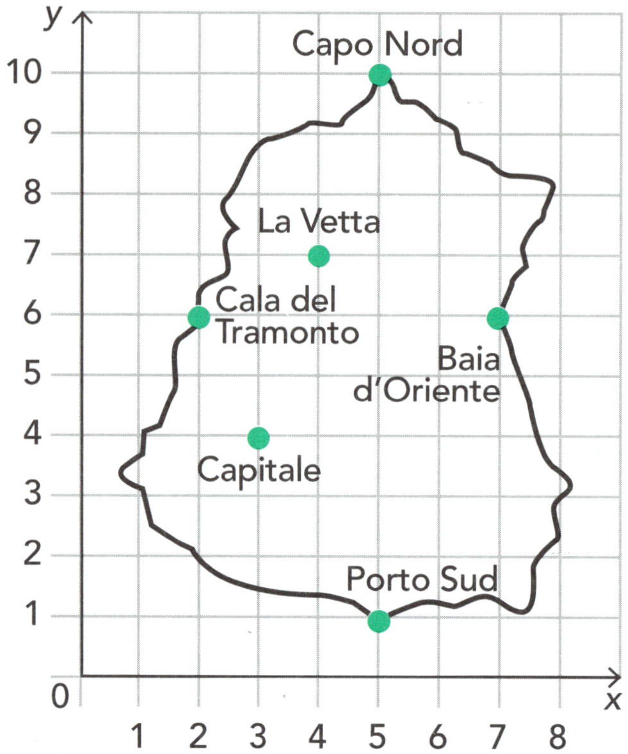

A. ☐ (5, 10) B. ☐ (4, 7) C. ☐ (3, 4) D. ☐ (7, 6)

A 15. In un sacchetto ci sono dei cioccolatini. Il loro numero è minore di 25 e, se si distribuiscono in modo uguale tra 7 bambini, non ne avanza nessuno. Qual è il numero dei cioccolatini?

A. ☐ 20 B. ☐ 21 C. ☐ 24 D. ☐ 25

A 16. Che cosa devi fare per trasformare ciascun numero della colonna A nel numero della colonna B sulla stessa riga?

Colonna A	Colonna B
27	3
54	6
18	2
90	10

A. ☐ Moltiplicare per 6 il numero della colonna B.
B. ☐ Moltiplicare per 9 il numero della colonna A.
C. ☐ Dividere per 9 il numero della colonna A.
D. ☐ Dividere per 6 il numero della colonna A.

p. 23 A 5

A 17. Osserva l'orario ferroviario del treno ad alta velocità "Frecciargento". Nell'intestazione delle colonne troverai il numero del treno (per es. AV9402).

	AV9400	AV9402	AV9404	AV9406	AV9408
Roma Termini	**06:45**	**07:45**	**08:45**	**09:45**	**10:45**
Firenze S. M. Novella a.	–	9:20	10:20	11:20	12:20
Firenze S. M. Novella p.	–	9:30	10:30	11:30	12:30
Bologna Centrale a.	–	10:07	11:07	12:07	13:07
Bologna Centrale p.	–	10:10	11:10	12:10	13:10
Ferrara	–	10:33	–	–	–
Rovigo	–	–	11:45	–	–
Padova	09:51	11:07	12:07	13:07	14:07
Venezia Mestre a.	10:05	11:21	12:21	13:21	14:21
Venezia S. Lucia a.	10:17	11:33	12:33	13:33	14:33

a. = arrivo
p. = partenza

a. Quale treno non ferma a Firenze S. M. Novella?
Risposta: ....

b. A che ora parte da Padova il treno numero AV9406?
Risposta: ....

c. Sara parte da Roma con il treno AV9404 delle ore 8 e 45.
La sua amica Rosella sale a Firenze S. M. Novella
e insieme scendono a Bologna Centrale.
Per quanto tempo Sara e Rosella viaggiano sul treno insieme?

A. ☐ Circa 1 ora e 15 minuti.
B. ☐ Circa 2 ore.
C. ☐ Circa 1 ora e mezza.
D. ☐ Circa 40 minuti.

A 18. Durante il trasporto di 30 confezioni che contengono 6 bicchieri ciascuna da consegnare a un commerciante, si rompono 8 bicchieri. A quali domande si può rispondere con i dati del problema?

		Sì	No
a.	Quanti bicchieri restano intatti?		
b.	Quante confezioni contengono dei bicchieri rotti?		
c.	Quanti bicchieri vende il commerciante al giorno?		
d.	Quanti bicchieri trasportava il camioncino?		

A 19. La figura mostra un cilindro.

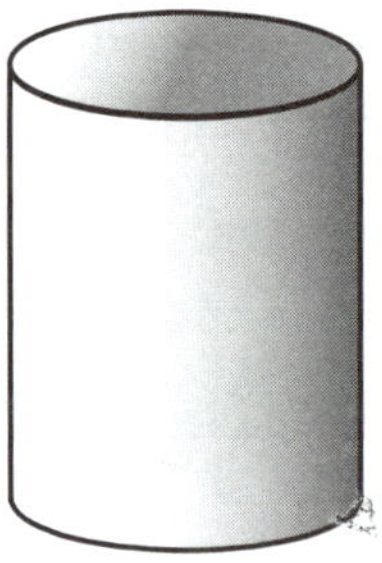

Quale di questi solidi, come il cilindro, ha la superficie in parte piana e in parte curva?

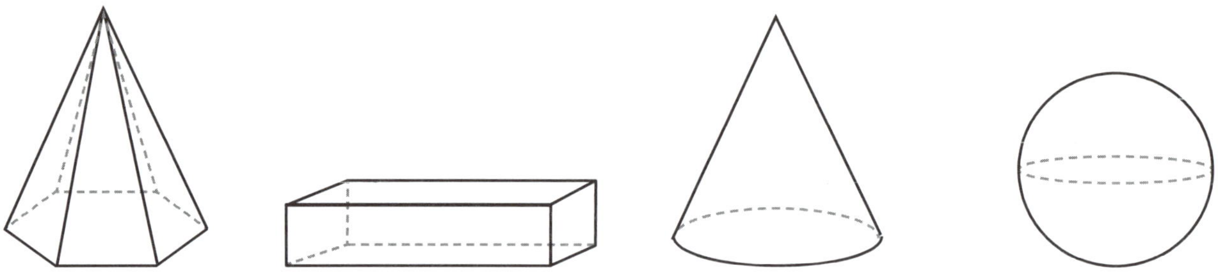

A. ☐ B. ☐ C. ☐ D. ☐

A 20. Osserva i quattro cesti di frutta.

16 000 dg	2,6 kg	3 550 g	3,55 kg
Cesto 1	Cesto 2	Cesto 3	Cesto 4

a. Qual è il cesto più leggero?

A. ☐ Cesto 1. B. ☐ Cesto 2. C. ☐ Cesto 3. D. ☐ Cesto 4.

b. Ci sono due cestini con lo stesso peso?
Risposta: ....

A 21. In quale numero le decine di migliaia sono il doppio delle decine e la metà delle centinaia?

A. ☐ 86 426 B. ☐ 145 826 C. ☐ 346 429 D. ☐ 45 286

A 22. Agli alunni delle tre classi quinte della scuola è stato chiesto: "Hai almeno una sorella o un fratello?". Il grafico rappresenta il risultato dell'indagine.

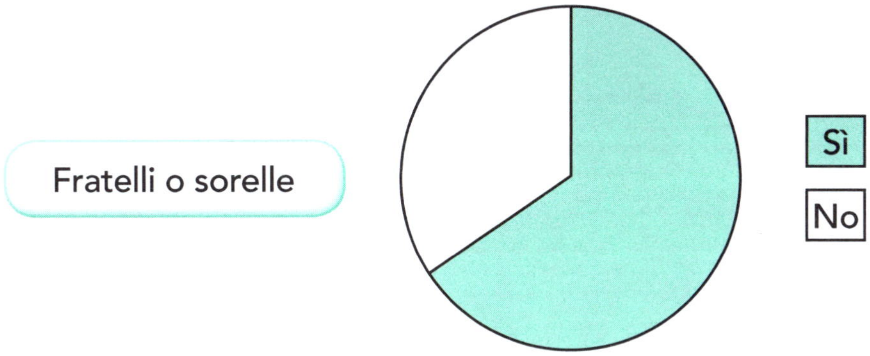

Quale tra le seguenti affermazioni è sicuramente vera?

A. ☐ I bambini intervistati sono stati 48.
B. ☐ I bambini hanno più fratelli che sorelle.
C. ☐ I bambini con almeno un fratello o una sorella sono più numerosi dei figli unici.
D. ☐ I bambini con almeno un fratello o una sorella sono meno della metà di tutti i bambini.

p. 11 A 25

A 23. Che cosa si nasconde sotto al punto di domanda in questo confronto?

–7 ? –5

A. ☐ > B. ☐ < C. ☐ = D. ☐ Non si può sapere.

p. 29 A 24

A 24. Federico mangia la metà di una tavoletta di cioccolato, poi regala l'altra metà a due suoi amici che la dividono in parti uguali. Quale frazione dell'intera tavoletta mangia ogni amico?

A. ☐ $\frac{1}{4}$ B. ☐ $\frac{1}{2}$ C. ☐ $\frac{2}{4}$ D. ☐ $\frac{3}{4}$

A 25. 23 x 15 dà un risultato minore di 23 x 16. Di quanto sarà minore?

A. ☐ 1 B. ☐ 15 C. ☐ 16 D. ☐ 23

p. 23 A 4

A 26. Enrico vuole comperare 4 pacchetti di caramelle dai gusti diversi che costano 1,50 euro ciascuno. Nel suo portamonete trova:

Enrico può acquistare tutti i pacchetti di caramelle?

A. ☐ No.
B. ☐ Sì, e gli restano 70 centesimi.
C. ☐ Sì, e gli restano 2 euro.
D. ☐ Sì, e gli restano 50 centesimi.

A 27. In un sacchetto ci sono i nomi di tutti i bambini di una classe quinta. Gli alunni sono in tutto 24, le femmine sono 14.

Pescando dal sacchetto senza guardare, quante probabilità ci sono che venga estratto il nome di un maschio?

p. 30 A 27

A. ☐ $\frac{14}{24}$ B. ☐ $\frac{12}{24}$ C. ☐ $\frac{10}{24}$ D. ☐ $\frac{1}{24}$

A 28. Se quest'anno il 16 febbraio è stato di giovedì, che giorno sarà il prossimo 16 febbraio, sapendo che l'anno prossimo sarà bisestile?

A. ☐ Mercoledì.
B. ☐ Giovedì.
C. ☐ Venerdì.
D. ☐ Sabato.

Confronta le tue risposte con quelle esatte, poi scrivi i punteggi ottenuti.
Risposta esatta = 1 punto **Risposta sbagliata** = 0 punti

PROVA GUIDATA 3

NUMERO QUESITO	RISPOSTA ESATTA	RISPOSTA DATA	PUNTEGGIO
A 1	....	....	....
A 2	....	....	....
A 3	a. .... b. .... c. .... d. .... e. .... f. .... g.	a. .... b. .... c. .... d. .... e. .... f. .... g.	....
A 4	....	....	....
A 5	....	....	....
A 6	a. .... b. .... c.	a. .... b. .... c.	....
A 7	....	....	....
A 8	....	....	....
A 9	....	....	....
A 10	....	....	....
A 11	....	....	....
A 12	....	....	....
A 13	....	....	....
A 14	....	....	....
A 15	....	....	....
A 16	....	....	....
A 17	....	....	....
A 18	....	....	....
A 19	....	....	....
A 20	....	....	....
A 21	....	....	....
A 22	a. .... b.	a. .... b.	....
A 23	....	....	....
A 24	....	....	....
A 25	....	....	....
A 26	....	....	....
A 27	....	....	....
A 28	....	....	....
A 29	....	....	....
PUNTEGGIO PROVA 3			........./38

PROVA AUTONOMA 4

NUMERO QUESITO	RISPOSTA ESATTA	RISPOSTA DATA	PUNTEGGIO
A 1	....	....	....
A 2	....	....	....
A 3	....	....	....
A 4	....	....	....
A 5	....	....	....
A 6	a. .... b. .... c. .... d. .... e.	a. .... b. .... c. .... d. .... e.	....
A 7	....	....	....
A 8	....	....	....
A 9	....	....	....
A 10	....	....	....
A 11	....	....	....
A 12	....	....	....
A 13	....	....	....
A 14	....	....	....
A 15	....	....	....
A 16	....	....	....
A 17	a. .... b. .... c.	a. .... b. .... c.	....
A 18	a. .... b. .... c. .... d.	a. .... b. .... c. .... d.	....
A 19	....	....	....
A 20	a. .... b.	a. .... b.	....
A 21	....	....	....
A 22	....	....	....
A 23	....	....	....
A 24	....	....	....
A 25	....	....	....
A 26	....	....	....
A 27	....	....	....
A 28	....	....	....
PUNTEGGIO PROVA 4			........./38

PROVA 5

A 1. Quale tra queste disuguaglianze è falsa?

A. ☐ $7{,}4 < 7{,}457$ B. ☐ $1{,}53 > 1{,}18$ C. ☐ $2{,}43 < 2{,}85$ D. ☐ $1{,}43 > 1{,}485$

A 2. La figura mostra un prisma a base triangolare.

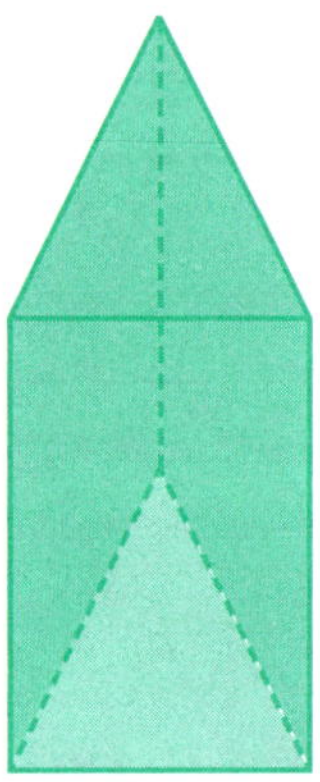

Quale di queste figure rappresenta il suo corretto sviluppo?

RICORDA
Lo **sviluppo di un solido** su un piano è la rappresentazione delle figure piane che compongono la sua superficie.
Procedi passo passo:
- **prima** scarta le figure in cui non sono rappresentate tutte le facce del solido;
- **poi** immagina di chiudere le figure rimaste come se fossero delle scatole e scegli quella in cui le diverse facce formano il prisma rappresentato.

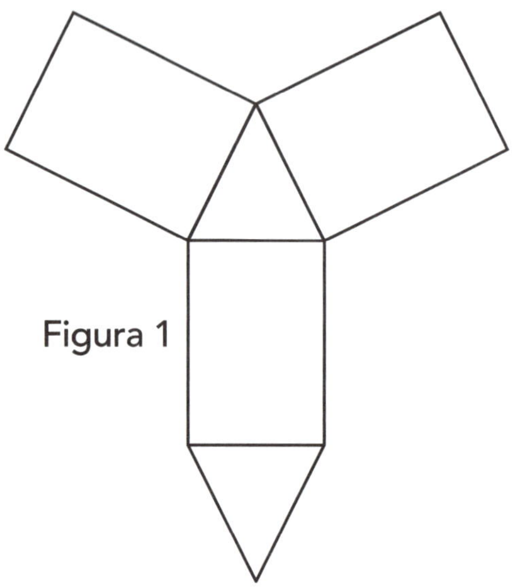

Figura 1

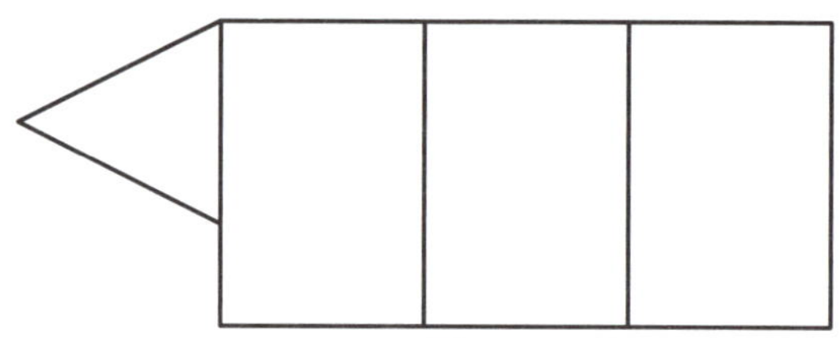

Figura 3

Figura 4

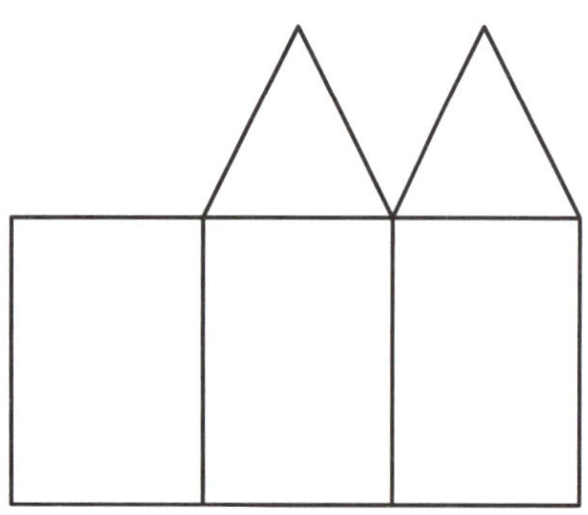

Figura 2

A. ☐ Figura 1.
B. ☐ Figura 2.
C. ☐ Figura 3.
D. ☐ Figura 4.

Audio scaricabile online.

A 3. La famiglia Rossi parte per il mare e arriva a destinazione dopo avere percorso 143 chilometri. Una volta rientrati, dopo avere percorso la stessa strada, il papà guarda il contachilometri dell'automobile, che segna 36 945 km. Quanto segnava il contachilometri prima della partenza per il mare?

A. ☐ 36 669
B. ☐ 36 659
C. ☐ 37 088
D. ☐ 37 098

Nei testi dei problemi ci possono essere delle **domande nascoste**. Qual è la domanda nascosta di questo problema? Per rispondere, considera che il viaggio è composto da andata + ritorno.

A 4. Per realizzare 3 guanti la signora Giulia ha usato 2 gomitoli e mezzo di lana colorata. Quanti gomitoli dello stesso tipo dovrà utilizzare per preparare 18 paia di guanti?

Fai attenzione al **dato nascosto** contenuto nella parola "paia".

Risposta: ....

Scrivi come hai fatto per trovare la risposta.

....

....

A 5. Osserva il pavimento di un terrazzo. Quante piastrelle ci sono sotto il tappeto verde?

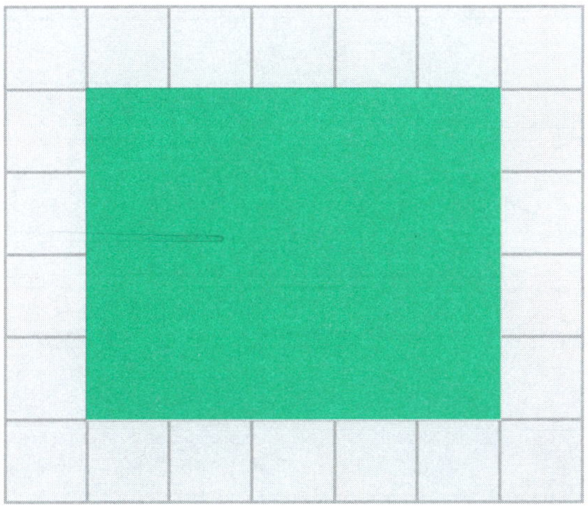

Usa le piastrelle come unità di misura per calcolare l'area del tappeto.

A. ☐ 20 B. ☐ 18 C. ☐ 54 D. ☐ 25

A 6. Nel suo portamonete Luisa ha:

a. A quanti euro corrispondono le monete?
Risposta: ....

b. Quanto resta a Luisa dopo aver speso 3,50 euro?
Risposta: ....

A 7. Valerio pensa un numero non maggiore di 300 e lo moltiplica per 5.
Sicuramente il risultato è:

A. ☐ Un numero maggiore di 3000.
B. ☐ Un numero maggiore di 2000.
C. ☐ Un numero dispari.
D. ☐ Un numero non maggiore di 1500.

A 8. Osserva le figure.
Quale figura ha almeno due assi di simmetria?

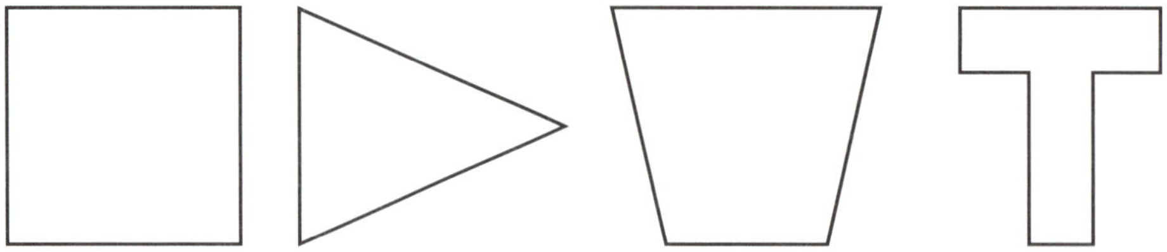

Figura A Figura B Figura C Figura D

A. ☐ Figura A.
B. ☐ Figura B.
C. ☐ Figura C.
D. ☐ Figura D.

In ciascuna figura traccia una o più linee rette che la dividono in parti simmetriche. Attenzione: gli assi di simmetria possono essere anche più di due.

A 9. In un esercizio di matematica Giovanni legge:
"Pensate due numeri diversi tra loro e sommate al più piccolo il doppio del più grande".

a. Giovanni pensa i numeri 4 e 6. Quale sarà il risultato ottenuto?

A. ☐ 10 B. ☐ 16 C. ☐ 15 D. ☐ 14

b. Leggi le quattro possibili espressioni, in cui **a** = numero piccolo e **b** = numero grande.
Quale esprime correttamente il calcolo svolto da Giovanni?

A. ☐ 2 x a + b
B. ☐ 2 x a + 2 x b
C. ☐ a x b x 2
D. ☐ a + 2 x b

Scegli uno dei due possibili procedimenti.
Procedimento n. 1
Sostituisci alle lettere **a** e **b** i numeri pensati da Giovanni e risolvi tutti i calcoli fino a trovare lo stesso risultato che hai ottenuto rispondendo alla domanda a.
Procedimento n. 2
Parti dal testo del problema e scarta via via le soluzioni sbagliate. Per esempio, puoi iniziare a scartare le soluzioni in cui **a** (cioè il numero piccolo) viene moltiplicato per due...

A 10. Osserva la figura e scegli il calcolo che permette di calcolare il costo dei due mazzi di fiori.

A. ☐ 1,50 + 3,50 + 7
B. ☐ (4 +3) x (1,50 + 3,50)
C. ☐ 1,50 x 4 + 3,50 x 3
D. ☐ (1,50 + 3,50) x 7

Individua nelle immagini i dati e le due **domande nascoste**. Poi scegli tra le soluzioni proposte quella in cui sono presenti le operazioni che occorrono per rispondere alle due domande nascoste.

A 11. Quanti assi di simmetria ha questa figura?

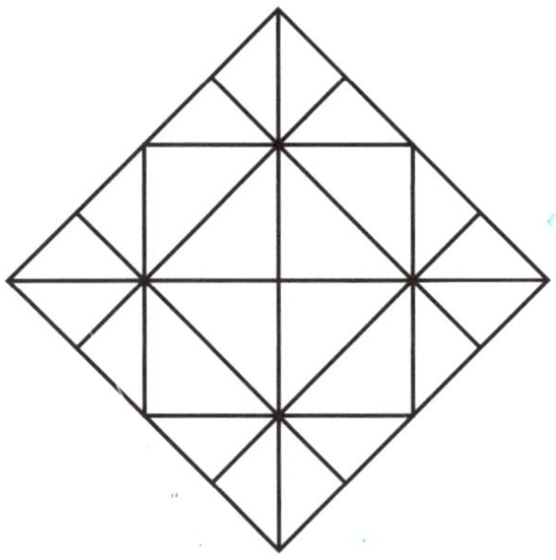

Prima ripassa con un colore gli assi di simmetria che trovi già disegnati, **poi** cerca eventuali altri assi di simmetria e disegnali sulla figura. Infine, contali.

A. ☐ 2   B. ☐ 4   C. ☐ 6   D. ☐ Nessuno.

A 12. Nella tabella sono riportati il numero di gol e il numero totale di lanci fatti da quattro giocatori di calcio durante un allenamento sui rigori.

Giocatori	Numero di gol	Numero di rigori tirati
Alessio	5	12
Nicola	6	12
Antonio	6	8
Daniele	5	8

Chi è stato il giocatore migliore rispetto ai lanci che ha effettuato?

A. ☐ Alessio.
B. ☐ Nicola.
C. ☐ Antonio.
D. ☐ Daniele.

Trasforma in frazioni il rapporto tra il numero di rigori tirati e il numero di tiri andati a segno di ciascun giocatore. Puoi scriverle accanto alla tabella. Poi confronta le frazioni tra loro.

A 13. Osserva i seguenti numeri.

1 056 • 204 • 72 • 132

Quale di questi enunciati è vero?

A. ☐ Sono divisibili per 2 e per 3.
B. ☐ Sono divisibili solo per 2.
C. ☐ Sono divisibili solo per 3.
D. ☐ Non sono numeri divisibili.

Fai attenzione: se uno di questi enunciati è giusto, tutti gli altri sono automaticamente sbagliati. Quindi se uno dei numeri è divisibile per 2 e per 3 puoi scartare le altre soluzioni.

A 14. Antonio vive a Genova e ha un appuntamento di lavoro a Bologna.
Consulta la tabella degli orari dei treni per decidere la soluzione di viaggio più veloce.

Treno	Partenza da Genova	Arrivo a Bologna Centrale
E 92753	9:46	12:07
EXP 103	10:45	12:32
TR 5667	10:36	14:40
ET 6582	9:10	11:12

Quale treno prenderà Antonio?

A. ☐ Il treno E 92753.
B. ☐ Il treno EXP 103.
C. ☐ Il treno TR 5667.
D. ☐ Il treno ET 6582.

Prima arrotonda le ore alla mezz'ora più vicina (per esempio 9:46 ⟶ 10), **poi** scegli i treni che ti sembrano più veloci e calcola esattamente le loro durate.

A 15. Nelle classi 5ª A e 5ª B si deve sorteggiare un alunno per rappresentare la scuola in una manifestazione sportiva.

Le classi sono così composte:

Classe 5ª A	
Maschi	12
Femmine	9

Classe 5ª B	
Maschi	9
Femmine	9

La probabilità che sia sorteggiata una femmina.

A. ☐ È maggiore nella classe 5ª A.
B. ☐ È maggiore nella classe 5ª B.
C. ☐ È la stessa nelle due classi.
D. ☐ Dipende da chi fa il sorteggio.

RICORDA
La probabilità si calcola dividendo il numero dei **casi favorevoli** per i **casi possibili**; quindi, a parità di casi favorevoli, la probabilità è maggiore se il numero di casi possibili è minore.

A 16. In quale gruppo di numeri ci sono solo numeri primi?

A. ☐ 12 • 17 • 13 • 25 • 71
B. ☐ 34 • 31 • 11 • 93 • 3
C. ☐ 3 • 7 • 41 • 17 • 5
D. ☐ 10 • 18 • 45 • 49 • 81

RICORDA
I numeri primi sono i numeri che si possono dividere solo per 1 o per se stessi.
Escludi a mano a mano i gruppi di numeri che contengono anche soltanto un numero che **non** sia primo.

A 17. Gaia ha piegato un quadrato lungo le due diagonali, poi ha tagliato il pezzo colorato, come vedi nel disegno.

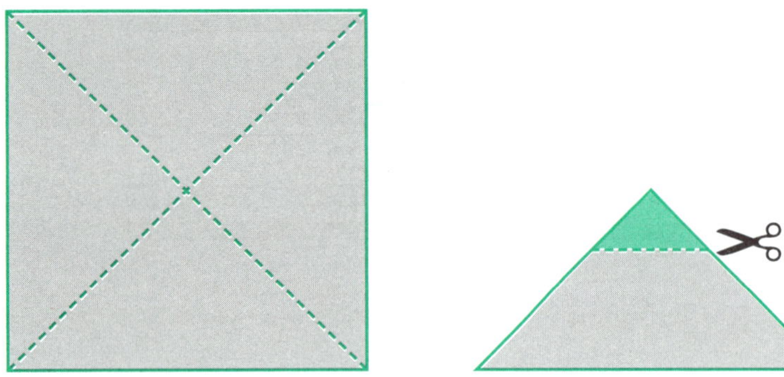

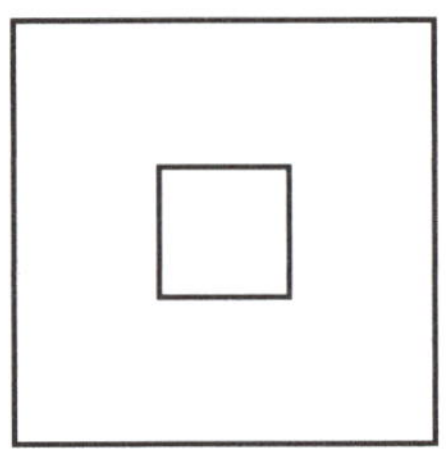
Figura 1

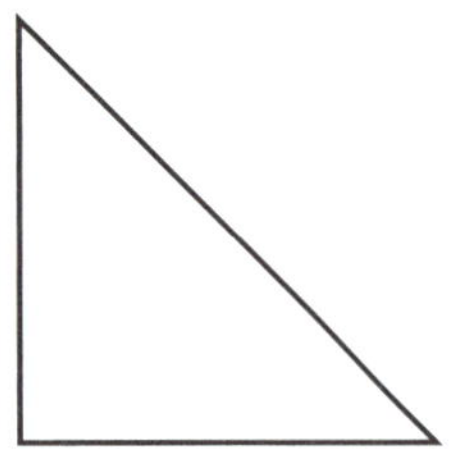
Figura 2

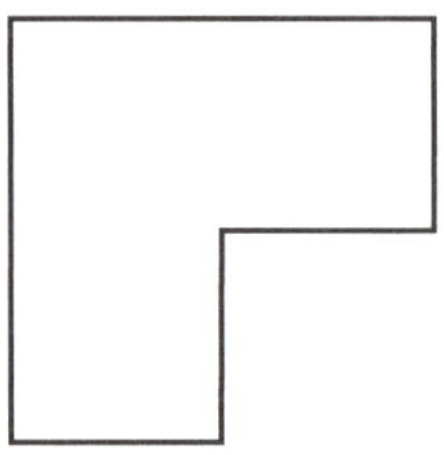
Figura 3

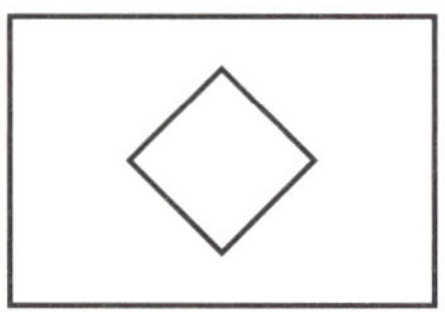
Figura 4

Quale figura ottiene quando apre il foglio?

A. ☐ La figura 1. B. ☐ La figura 2. C. ☐ La figura 3. D. ☐ La figura 4.

A 18. Teresa è in fila allo sportello della posta. Si guarda intorno e pensa:

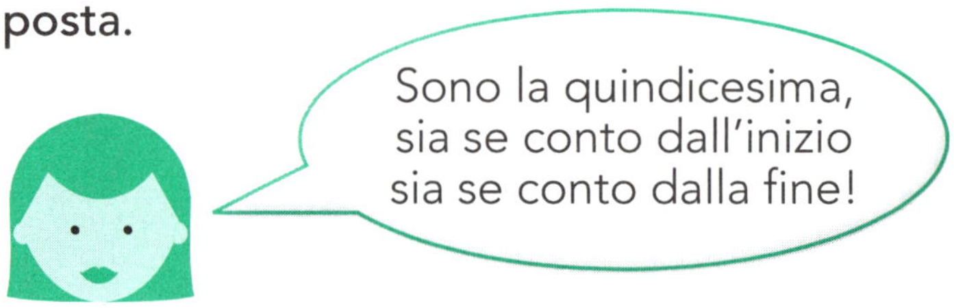

Quante persone ci sono in fila?

A. ☐ 28 B. ☐ 29 C. ☐ 30 D. ☐ 31

A 19. Che numero ottieni se moltiplichi 0,12 per 40?

A. ☐ Compreso tra 40 e 52.
B. ☐ Compreso tra 40 e 32.
C. ☐ Inferiore a 1.
D. ☐ Inferiore a 5.

Applica la proprietà invariantiva: moltiplicare 0,12 per 40 è come moltiplicare 1,2 per ....
Fai il calcolo approssimativo e scegli tra i risultati possibili.

A 20. Osserva il grafico che illustra il genere di musica preferito da un gruppo di ragazzi che frequentano la scuola media.

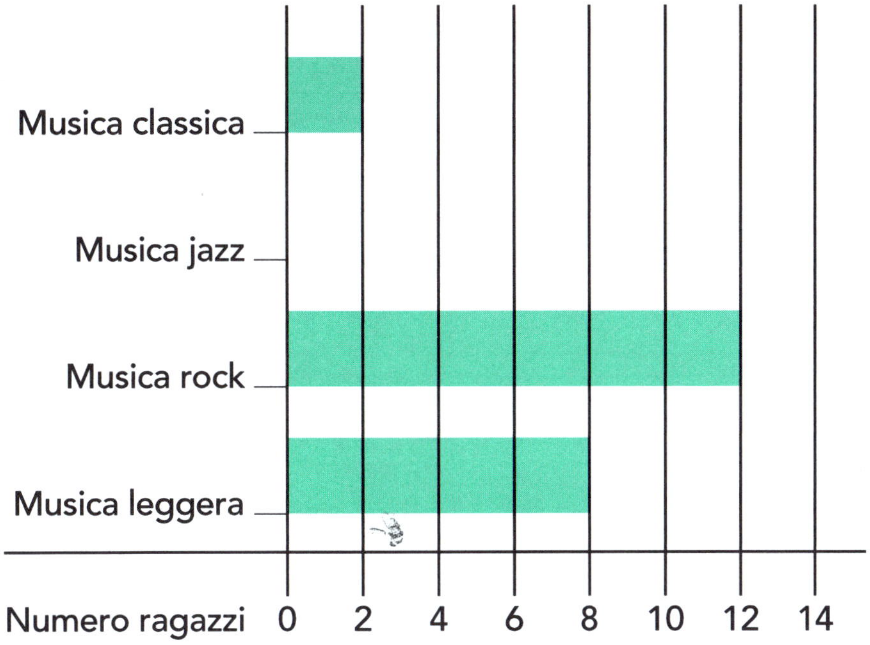

Per ogni affermazione indica con una X se è vera (V) o falsa (F).

		V	F
a.	La musica rock è il genere che ha ricevuto il numero maggiore di preferenze.		
b.	La musica leggera è preferita solo da due ragazzi.		
c.	A nessun ragazzo piace ascoltare musica jazz.		
d.	Il numero dei ragazzi intervistati è 24.		

A 21. Unisci tra loro tre punti che ti permettono di disegnare un triangolo rettangolo all'interno della circonferenza.

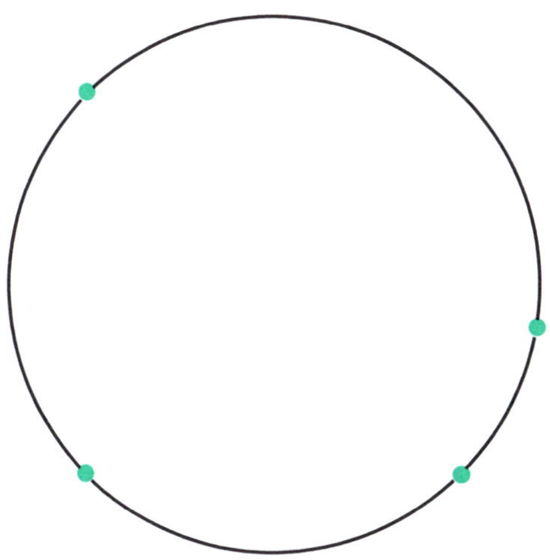

A 22. L'hotel Astoria ha partecipato a un'indagine statistica sui Paesi di provenienza dei turisti che visitano la città di Roma.
Dei 150 turisti ospiti dell'hotel romano, il 20% sono americani, il 25% spagnoli, il 14% inglesi e il resto italiani.

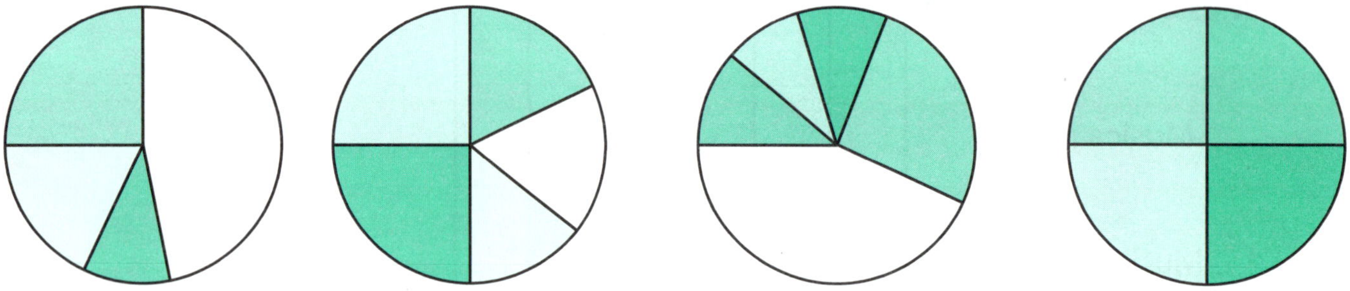

1 2 3 4

Quale areogramma rappresenta i risultati dell'indagine?

A. ☐ Areogramma n. 1.
B. ☐ Areogramma n. 2.
C. ☐ Areogramma n. 3.
D. ☐ Areogramma n. 4.

Escludi a colpo d'occhio i due areogrammi suddivisi in un numero di settori maggiore del numero dei Paesi di provenienza degli ospiti dell'hotel. Rimangono due areogrammi, ma uno è suddiviso in quattro settori uguali. Può essere quello corretto? Le percentuali elencate nel testo del problema sono tutte uguali?

A 23. Quando il primo di settembre la biblioteca comunale riapre, sui suoi scaffali sono presenti 360 libri.
Prima della chiusura di agosto, $\frac{1}{5}$ dei libri era stato preso in prestito.
Quanti libri possiede la biblioteca comunale?

Maria	Alessandro	Mirco	Marina
450 libri.	360 libri.	132 libri.	1800 libri.

Chi dei quattro bambini ha ragione?

A. ☐ Maria.
B. ☐ Alessandro.
C. ☐ Mirco.
D. ☐ Marina.

Ricordati di lavorare con le frazioni complementari.

A 24. Questa è la piantina dell'orto di nonno Gino. Ogni ortaggio ha il proprio posto.

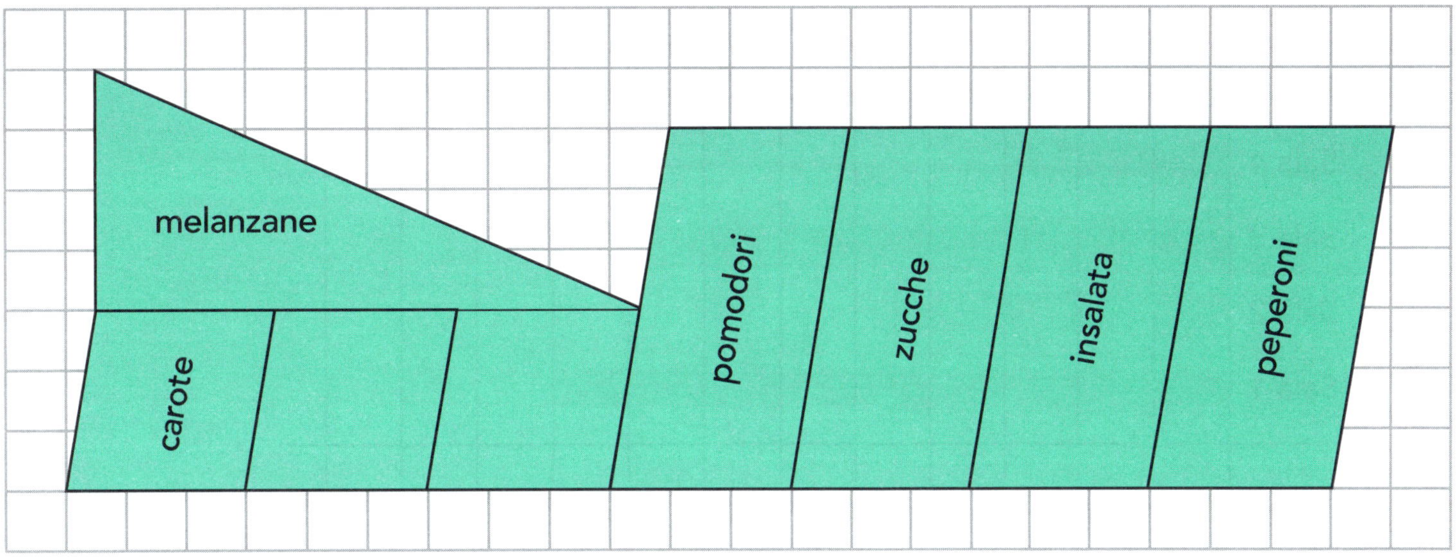

Per ciascuna delle seguenti affermazioni indica con una X se è vera (V) o falsa (F).

		V	F
a.	La superficie destinata ai peperoni è uguale a quella destinata alle melanzane.		
b.	Le carote e le melanzane occupano la stessa superficie.		
c.	Le carote occupano la metà della superficie occupata dalle zucche.		
d.	La superficie destinata ai pomodori assieme a quella occupata dalle zucche è il doppio di quella destinata alle carote.		

A 25. In quale numero la cifra 3 vale 3 000? Trova il numero e cerchialo.

23 563   1 346,45   76,332

32,3   300 453   239

403,43   0,03

A 26. Il grafico rappresenta il numero di spettatori che hanno assistito alla proiezione dei film una domenica presso le sale del Cinema Azzurro.

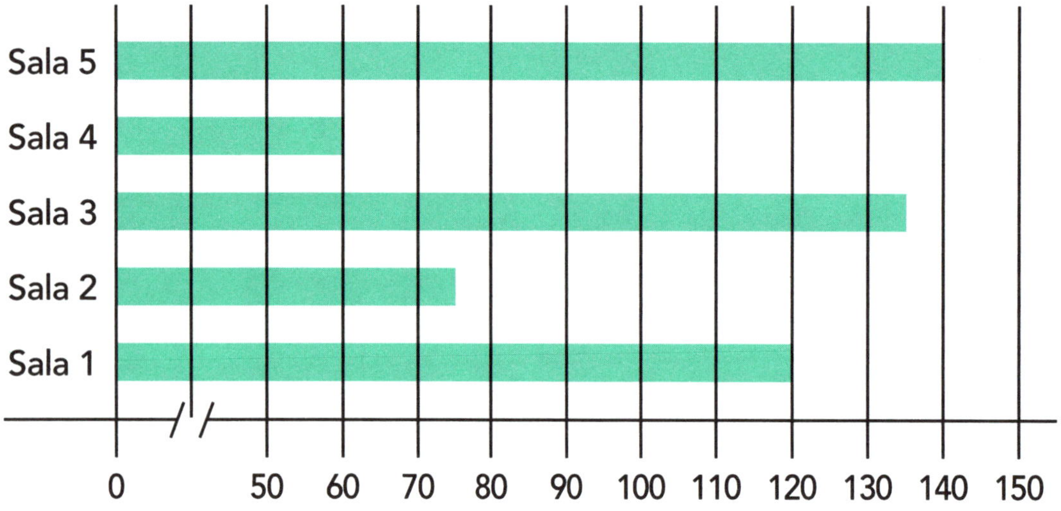

a. Qual è stato il numero totale degli spettatori presenti domenica nel cinema Azzurro?
Risposta: ....

b. In quale sala era presente la metà degli spettatori della sala 1?
Risposta: ....

c. Qual è la media del numero di spettatori per sala?
Scrivi i calcoli e rispondi.

....

....

Risposta: ....

Non farti ingannare dal colpo d'occhio: guarda molto attentamente la scala dei valori. Quando in una scala di valori trovi il simbolo / / significa che non sono stati scritti tutti i valori.

A 27. Per andare in montagna il papà di Andrea percorre: 125 km di autostrada; 64,12 hm di strada provinciale e 2 000 m di tangenziale.
Quanta strada percorre in tutto?

A. ☐ 191,12 km
B. ☐ 2 189,12 m
C. ☐ 133,412 km
D. ☐ 127 km

Prima di fare le equivalenze per sommare tra di loro le distanze, guarda con attenzione le soluzioni proposte per scegliere l'unità di misura più opportuna.
La soluzione in metri è di pochissimo superiore alla strada percorsa in tangenziale: secondo te, è una soluzione possibile?

A 28. Dario ha 60 figurine che corrispondono a $\frac{4}{6}$ delle figurine che completano un album.
Indica tra le seguenti espressioni quella che ti permette di scoprire di quante figurine è composto l'intero album.

RICORDA

numero intero = $\frac{\text{valore numerico della frazione}}{\text{numeratore}}$ x denominatore = ...

A. ☐ (60 : 6) x 4
B. ☐ 60 – (4 x 6)
C. ☐ 60 – (60 : 4) x 6
D. ☐ (60 : 4) x 6

A 29. Serena e Alessio vogliono fare un regalo alla mamma.
In tutto hanno 36 euro, ma Serena ha messo 12 euro in più di Alessio.
Quale somma ha messo Alessio?

A. ☐ 12 euro. B. ☐ 24 euro. C. ☐ 36 euro. D. ☐ 20 euro.

A 30. Guido, Roberto, Federico e Marco giocano nella stessa squadra di calcio.
Alla fine del campionato hanno segnato 3, 6, 7, 10 gol.
Roberto ha segnato più gol di Marco ma meno di Guido.
Federico ha segnato più gol di Marco ma meno di Roberto.

Quanti sono stati i gol segnati da ciascun ragazzo?

A. ☐ Marco 10, Guido 7, Federico 6, Roberto 3.
B. ☐ Guido 10, Roberto 7, Federico 6, Marco 3.
C. ☐ Federico 10, Guido 7, Roberto 6, Marco 3.
D. ☐ Roberto 10, Federico 7, Guido 6, Marco 3.

Procedi per esclusione: nessun ragazzo che ha segnato "meno gol" può avere segnato il numero massimo di gol.

PROVA 6

A 1. Qual è l'elemento uguale in tutte e tre le figure?

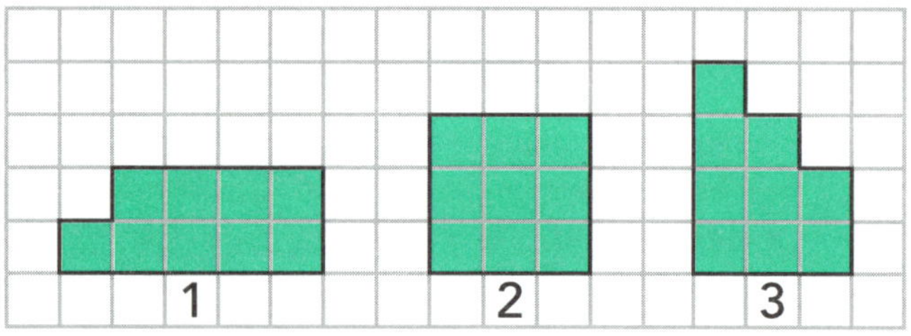

A. ☐ Il perimetro.
B. ☐ L'area.
C. ☐ L'altezza.
D. ☐ Niente.

p. 10 A 24

A 2. Queste frazioni sono tutte equivalenti tra loro tranne una.
Trovala e cerchiala.

$\frac{1}{2}$ $\frac{3}{6}$ $\frac{4}{8}$ $\frac{1}{4}$ $\frac{10}{20}$ $\frac{5}{10}$

A 3. Alessandro compera 4 bustine di figurine che contengono ciascuna 6 figurine.
Le figurine costano 0,70 euro l'una. Quanto spende in tutto Alessandro?

A. ☐ 4 x 6 B. ☐ 4 x 0,70 C. ☐ (4 + 6) x 0,70 D. ☐ 6 x 4 x 0,70

A 4. Riccardo inizia la lezione di nuoto alle ore 16:30.

Quando finisce il riscaldamento l'orologio segna le 16:50.
Che angolo ha descritto la lancetta dei minuti ruotando durante questo intervallo di tempo?

A. ☐ Retto.
B. ☐ Acuto.
C. ☐ Ottuso.
D. ☐ Piatto.

p. 5 A 10

Audio scaricabile online.

A 5. La cartina che vedi rappresenta una parte del percorso delle 4 linee della metropolitana (Linea A, Linea B, Linea C, Linea D) di una grande città.

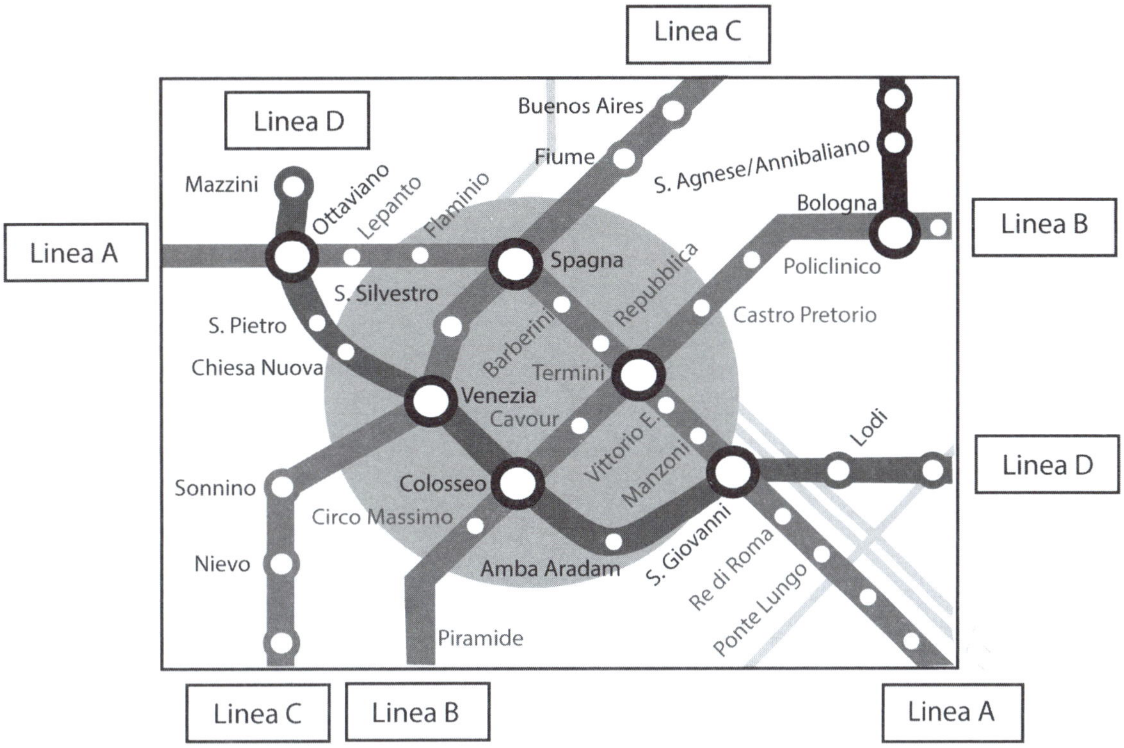

a. Quali linee si incontrano alla fermata SPAGNA?

A. ☐ Linea A e Linea B.
B. ☐ Linea A e Linea C.
C. ☐ Linea C e Linea D.
D. ☐ Linea B e Linea D.

b. Quante linee si devono prendere per arrivare da SPAGNA a CIRCO MASSIMO facendo il numero minimo di fermate?

A. ☐ Due.
B. ☐ Non si deve fare nessun cambio.
C. ☐ Due o tre, è uguale.
D. ☐ Tre.

c. Per arrivare dalla fermata OTTAVIANO alla fermata SAN GIOVANNI, qual è il numero minimo di stazioni per le quali si può passare?

Risposta: ....

A 6. Quale delle seguenti uguaglianze è vera?

A. ☐ $0,2 = \frac{1}{2}$ B. ☐ $0,5 = \frac{1}{2}$ C. ☐ $1,2 = \frac{1}{2}$ D. ☐ $1,5 = \frac{1}{2}$

A 7. Osserva le figure. Gli assi disegnati sono tutti assi di simmetria?

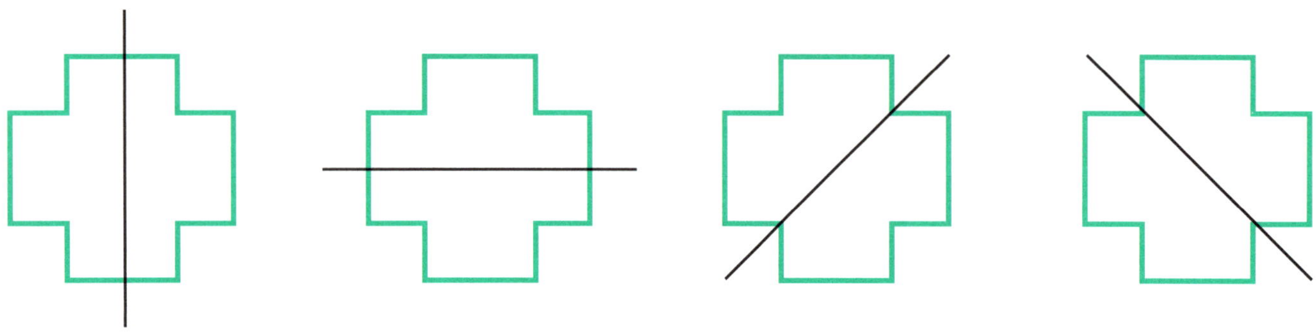

A B C D

A. ☐ Sì. B. ☐ No. C. ☐ Solo in A e B. D. ☐ Solo in C e D.

p. 3 A 3

A 8. Per ciascuna delle affermazioni indica con una **X** se è vera (V) o falsa (F).

		V	F
a.	3,2 è maggiore di 3,05.		
b.	3,03 è minore di 3,5.		
c.	3,12 è maggiore di 3,5.		
d.	3,047 è maggiore di 3,05.		

p. 27 A 15

A 9. In una grande città, il biglietto per i mezzi pubblici è valido 75 minuti. Se Giacomo timbra alle ore 8:04, a che ora scadrà il suo biglietto?

A. ☐ 9:19 B. ☐ 9:29 C. ☐ 9:39 D. ☐ 9:49

p. 27 A 16

A 10. Le lettere della parola "AMERICA" sono state scritte ognuna su un cartoncino. I sette cartoncini tutti uguali sono stati messi in un sacchetto.

p. 8
A 17

Indica con una X se le seguenti affermazioni sono vere (V) o false (F).

Prendendo un cartoncino dal sacchetto…

		V	F
a.	La lettera che ha più probabilità di essere estratta è la A.		
b.	È più probabile estrarre una vocale che una consonante.		
c.	La lettera che ha meno probabilità di essere estratta è la R.		
d.	La M e la C hanno la stessa probabilità di essere estratte.		

A 11. Quali sono le coordinate del poligono disegnato sul diagramma?

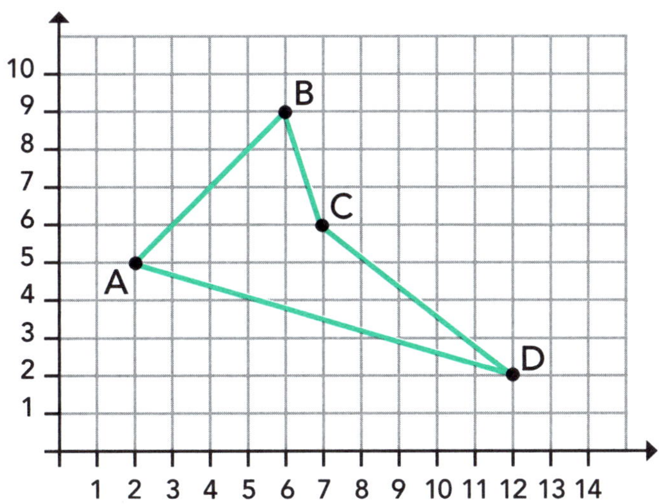

A. ☐ A (5, 2); B (6, 9); C (6, 7); D (12, 2)
B. ☐ A (5, 3); B (7, 4); C (7, 7); D (12, 10)
C. ☐ A (2, 5); B (6, 5); C (8, 1); D (12, 5)
D. ☐ A (2, 5); B (6, 9); C (7, 6); D (12, 2)

A 12. Paolo usa la calcolatrice per moltiplicare 821 per 8,75.
Si sbaglia e dimentica di digitare la virgola sulla tastiera.
Che cosa deve fare per correggere il suo errore?

A. ☐ Moltiplicare il risultato per 100.
B. ☐ Aggiungere 100 al risultato.
C. ☐ Dividere il risultato per 100.
D. ☐ Dividere il risultato per 10.

A 13. Scegli l'unità di misura più adatta mettendo una X per ogni riga della tabella.

		km	m	cm	mm
a.	Lunghezza di un campo da calcio.				
b.	Larghezza di un libro.				
c.	Altezza di una formica.				
d.	Lunghezza di una strada di campagna.				

A 14. Leggi il testo del problema.

Roberta compera in cartoleria dei quaderni a righe a 2,50 euro l'uno e un album da disegno da 3,50 euro. Se paga con una banconota da 10 euro, quanto riceve di resto?

Quale dato manca per risolvere questo problema?

Risposta: ....

A 15. Quale tra le seguenti relazioni è corretta?

A. ☐ $\frac{2}{5} > \frac{3}{5}$ B. ☐ $\frac{1}{2} = \frac{7}{14}$ C. ☐ $\frac{5}{7} > \frac{5}{2}$ D. ☐ $\frac{3}{5} = \frac{15}{20}$

A 16. Fabio osserva da più punti di vista queste scatole appoggiate sul tavolo. Indica che cosa vede quando le osserva dall'alto.

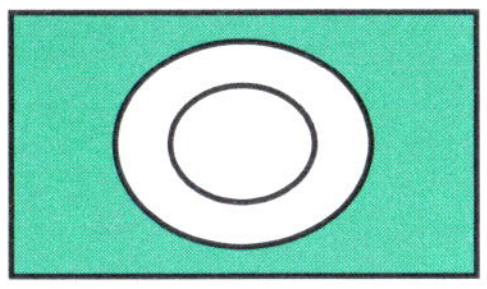
Figura A

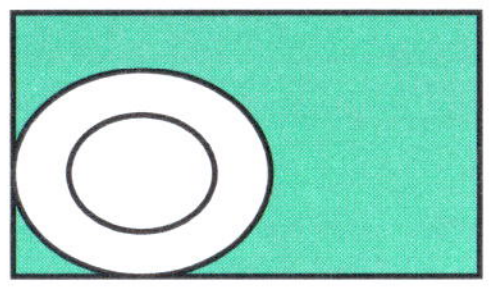
Figura B

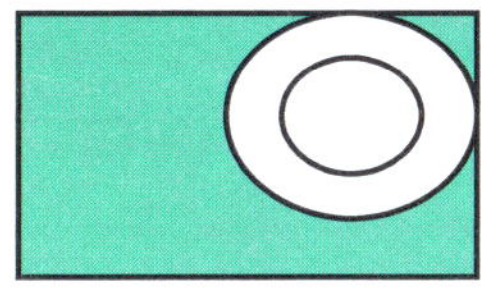
Figura C

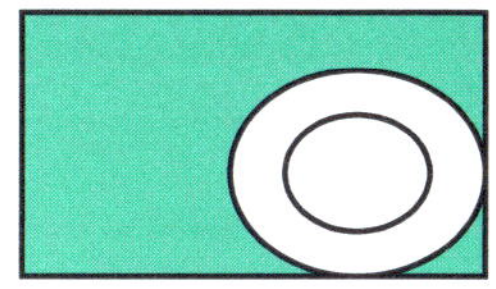
Figura D

A. ☐ Figura A. B. ☐ Figura B. C. ☐ Figura C. D. ☐ Figura D.

A 17. A quale numero corrispondono 6 centinaia e 13 centesimi?

A. ☐ 6,013 B. ☐ 600,13 C. ☐ 613 D. ☐ 6,13

A 18. $\frac{3}{7}$ e $\frac{7}{3}$ indicano lo stesso numero?

A. ☐ Sì, perché le cifre sono le stesse.
B. ☐ Sì, perché 7 x 3 è uguale a 3 x 7.
C. ☐ No, perché $\frac{7}{3}$ è maggiore di un intero e $\frac{3}{7}$ no.
D. ☐ No, perché non sono numeri ma frazioni.

A 19. In una gara di corsa sui 100 metri alcuni atleti impiegano i tempi riportati nella tabella di fianco. Riporta nel tabellone qui sotto l'ordine di arrivo.

Atleta	Tempo (secondi)
Marco	10,62
Filippo	10,85
Roberto	10,73
Stefano	10,07
Nicola	10,69

ORDINE DI ARRIVO	ATLETA
Primo	....
Secondo	....
Terzo	....
Quarto	....
Quinto	....

A 20. La bilancia a due piatti è in equilibrio.

Un  pesa 145 grammi.
Quanto pesa un ?

Scrivi come hai fatto per trovare la risposta, poi rispondi.

....

....

Risposta: ....

A 21. In classe 5ª A gli alunni hanno fatto un'indagine sul numero dei libri letti durante l'anno scolastico e presi in prestito dalla biblioteca.
Nella tabella sono riportati i dati raccolti.

Osserva la tabella e completa il grafico.

Libri letti	Alunni
da 0 a 2	8
da 3 a 5	10
da 6 a 8	6
8 e oltre	0

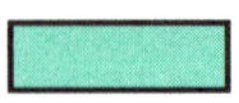 = 2 alunni

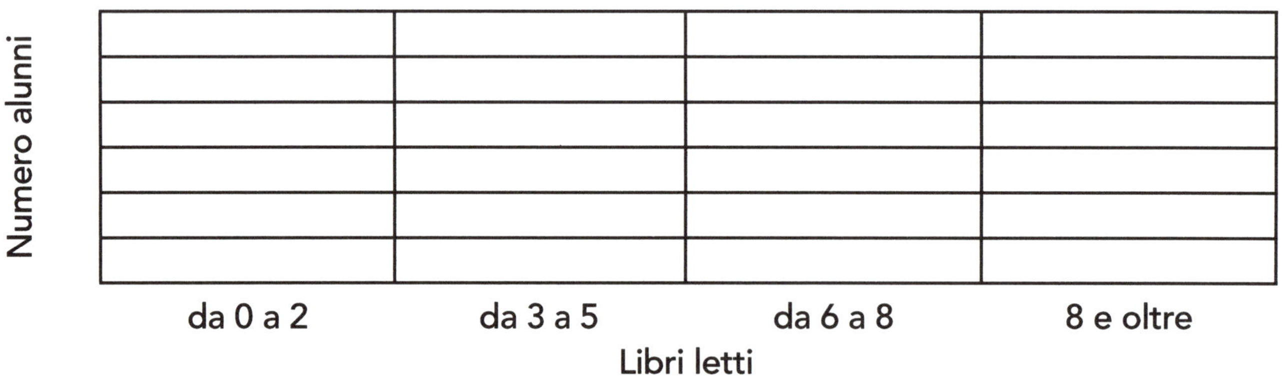

A 22. La classe di Giovanni, composta da 25 alunni, ordina delle pizze per festeggiare la fine della scuola. Ogni pizza costa 7 euro.
La pizzeria applica un'offerta.
Quanto spendono in tutto gli alunni?

A. ☐ 140 euro.
B. ☐ 139 euro.
C. ☐ 150 euro.
D. ☐ 104 euro.

A 23. Completa la scala graduata del termometro con i gradi che mancano.

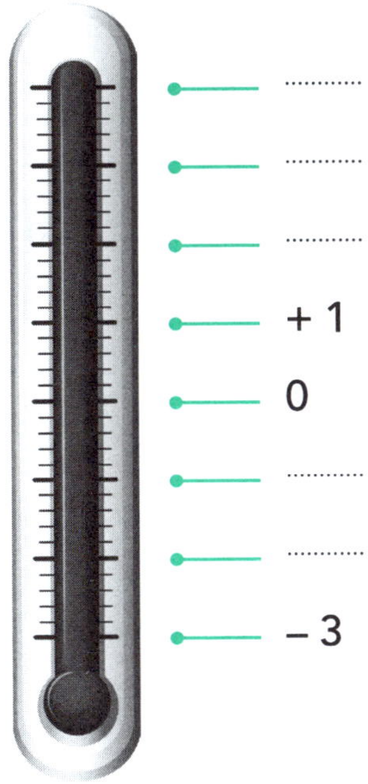

A 24. Questo schema riporta le distanze stradali in km tra alcune città europee. La distanza è riportata all'incrocio tra riga e colonna:

BERLINO					
965	BERNA				
2 200	1 205	BILBAO			
1 130	525	1 515	BOLOGNA		
605	560	1 435	1 065	BONN	
1 875	880	330	1 350	1 115	BORDEAUX

a. Quanti km ci sono tra Berlino e Bilbao?
Risposta: ....

b. Quali sono le due città più vicine tra loro?
Risposta: ....

c. Se parto da Bordeaux e voglio viaggiare per meno di 1 000 km in quali città potrei andare?
Risposta: ....

d. Quali città si trovano a 1 115 km di distanza l'una dall'altra?
Risposta: ....

A 25. La tabella riporta i punteggi ottenuti dagli atleti delle nazioni partecipanti a una gara sportiva internazionale di atletica leggera.

Nazione	Punteggio
Austria	68,8
Croazia	71,8
Finlandia	72,0
Giappone	68,08
Grecia	60,8
Inghilterra	69,8
Italia	80,12
Stati Uniti	80,2
Svezia	70,2
Svizzera	78,1

a. Quale nazione si è classificata al secondo posto?
Risposta: ....

b. Quale nazione si è classificata ultima?
Risposta: ....

A 26. Quale tra queste affermazioni è vera?

A. ☐ La capacità indica il peso del liquido contenuto in un recipiente.
B. ☐ La capacità indica la densità del liquido contenuto in un recipiente.
C. ☐ La capacità indica il colore del liquido contenuto in un recipiente.
D. ☐ La capacità indica la quantità del liquido contenuto in un recipiente.

A 27. Osserva i tre gruppi di stelle e scegli l'affermazione vera per tutti:

A. ☐ Tutte le stelle sono bianche.
B. ☐ Almeno una stella è verde.
C. ☐ Nessuna stella è verde.
D. ☐ Alcune stelle sono piccole.

A 28. Osserva le immagini di due cartelli stradali.
Il perimetro del segnale di STOP è di 480 cm.
Il lato dell'altro cartello è della stessa misura di uno dei lati del cartello di STOP; quanto misura il suo perimetro?

A. ☐ 60 cm B. ☐ 360 cm C. ☐ 120 cm D. ☐ 240 cm

A 29. Giorgio guarda la cartina degli Stati Uniti d'America e si diverte a riconoscere le forme geometriche degli Stati.

p. 26 A 12

Quale, tra i seguenti stati dell'Ovest, ha la forma di un esagono?

A. ☐ Colorado. B. ☐ Nevada. C. ☐ Utah. D. ☐ New Mexico.

A 30. Laura è alla stazione per prendere il treno della metropolitana delle ore 7:58. Se il treno impiega 8 minuti da una stazione all'altra e la sosta in ogni stazione è di circa 2 minuti, a che ora Laura scenderà alla terza stazione?

A. ☐ 8:26 B. ☐ 8:25 C. ☐ 8:30 D. ☐ 8:15

Confronta le tue risposte con quelle esatte, poi scrivi i punteggi ottenuti.
Risposta esatta = 1 punto **Risposta sbagliata** = 0 punti

PROVA GUIDATA 5

NUMERO QUESITO	RISPOSTA ESATTA	RISPOSTA DATA	PUNTEGGIO
A 1			
A 2			
A 3			
A 4			
A 5			
A 6	a. b.	a. b.	
A 7			
A 8			
A 9	a. b.	a. b.	
A 10			
A 11			
A 12			
A 13			
A 14			
A 15			
A 16			
A 17			
A 18			
A 19			
A 20	a. b. c. d.	a. b. c. d.	
A 21			
A 22			
A 23			
A 24	a. b. c. d.	a. b. c. d.	
A 25			
A 26	a. b. c. Risposta:	a. b. c. Risposta:	
A 27			
A 28			
A 29			
A 30			
		PUNTEGGIO PROVA 5	........./40

Confronta le tue risposte con quelle esatte, poi scrivi i punteggi ottenuti.
Risposta esatta = 1 punto **Risposta sbagliata** = 0 punti

PROVA AUTONOMA 6

NUMERO QUESITO	RISPOSTA ESATTA	RISPOSTA DATA	PUNTEGGIO
A 1	......	......	......
A 2	......	......	......
A 3	......	......	......
A 4	......	......	......
A 5	a. ...... b. ...... c.	a. ...... b. ...... c.	......
A 6	......	......	......
A 7	......	......	......
A 8	a. ...... b. ...... c. ...... d.	a. ...... b. ...... c. ...... d.	......
A 9	......	......	......
A 10	a. ...... b. ...... c. ...... d.	a. ...... b. ...... c. ...... d.	......
A 11	......	......	......
A 12	......	......	......
A 13	a. ...... b. ...... c. ...... d.	a. ...... b. ...... c. ...... d.	......
A 14	......	......	......
A 15	......	......	......
A 16	......	......	......
A 17	......	......	......
A 18	......	......	......
A 19	....	....	......
A 20	....	....	......
A 21	....	....	......
A 22	......	......	......
A 23	......	......	......
A 24	a. ...... b. ...... c. ...... d.	a. ...... b. ...... c. ...... d.	......
A 25	a. ...... b.	a. ...... b.	......
A 26	......	......	......
A 27	......	......	......
A 28	......	......	......
A 29	......	......	......
A 30	......	......	......
		PUNTEGGIO PROVA 6	........./45

PROVA 7

A 1. La maestra chiede di calcolare a mente 173 x 4.

Luca risponde:

Ho moltiplicato cento per quattro, settanta per quattro e tre per quattro, poi ho sommato i risultati.

Enzo risponde:

Io invece ho moltiplicato tre per quattro, sette per quattro e uno per quattro, poi ho sommato i risultati.

Chi ha seguito il procedimento corretto?

A. ☐ Solo Luca.
B. ☐ Solo Enzo.
C. ☐ Nessuno dei due.
D. ☐ Tutti e due.

Entrambi i bambini hanno utilizzato la proprietà distributiva della moltiplicazione per fare il calcolo a mente, ma il procedimento corretto deve tenere conto anche del valore posizionale delle cifre!

A 2. Osserva la figura.

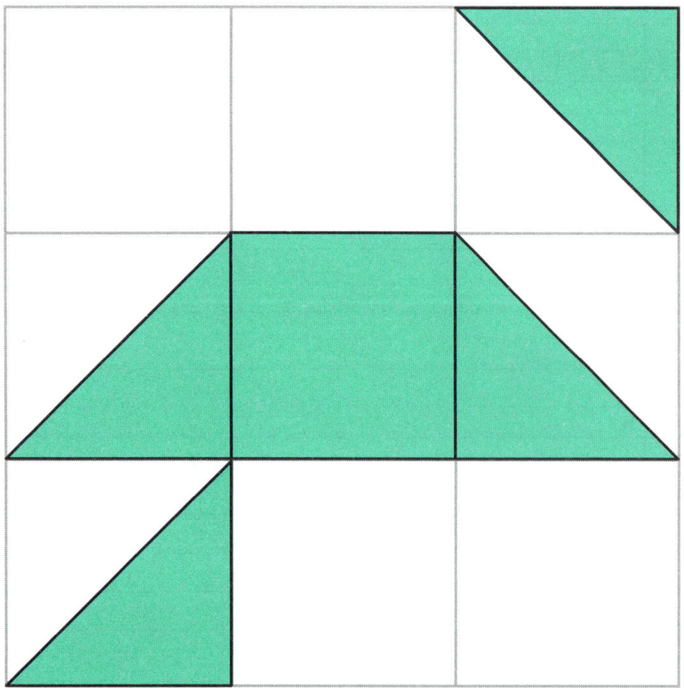

L'area del quadrato verde al centro della figura è di 10 cm^2.
Qual è l'area di tutta la parte non colorata della figura?

Risposta: ....

Ragiona sulla figura e sul rapporto di grandezza che c'è tra i triangoli e il quadrato centrale. Quanti sono i quadrati non colorati se tieni conto anche di quelli che puoi formare con i triangoli? Moltiplica il loro numero per la misura dell'area data.

A 3. Osserva la seguente disuguaglianza.

2 < ? < 3

Quale tra i seguenti numeri va sostituito al punto di domanda per rendere vera la disuguaglianza?

A. ☐ 0,23
B. ☐ 2,10
C. ☐ 0,32
D. ☐ 3,2

A 4. Mirco lascia la sua auto in un parcheggio a pagamento dalle ore 10:00 alle ore 20:00 e spende 18 euro.
Edoardo ha lasciato la sua auto nello stesso parcheggio alle ore 15:00 ed è andato a riprenderla alle ore 20:35.

PARCHEGGIO
24 h su 24

1 ORA
O FRAZIONE DI ORA
€

Tutto il giorno € 40,00

a. Quanto spende Edoardo?
Risposta: ....

b. Se invece che alle 20:35, Edoardo va a ritirare la macchina alle 20:59, spende di più?
Risposta: ....

Leggi con attenzione il testo del problema: trova i dati mancanti nel disegno e nel testo, fai attenzione alla domanda nascosta e ai dati inutili. Prima di rispondere rifletti sul significato di "frazione di ora": è necessario calcolare il numero esatto dei minuti?

A 5. Collega con una freccia il numero nel riquadro alla sua posizione corretta sulla linea dei numeri.

4,03

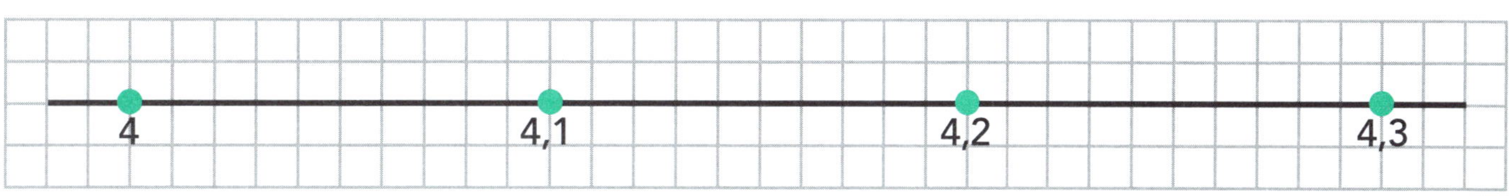

A 6. Sara vive su un'isola.
La casa di Sara si trova al punto B le cui coordinate sono (9, 4)
e va a fare ginnastica nella palestra comunale che si trova al punto A.

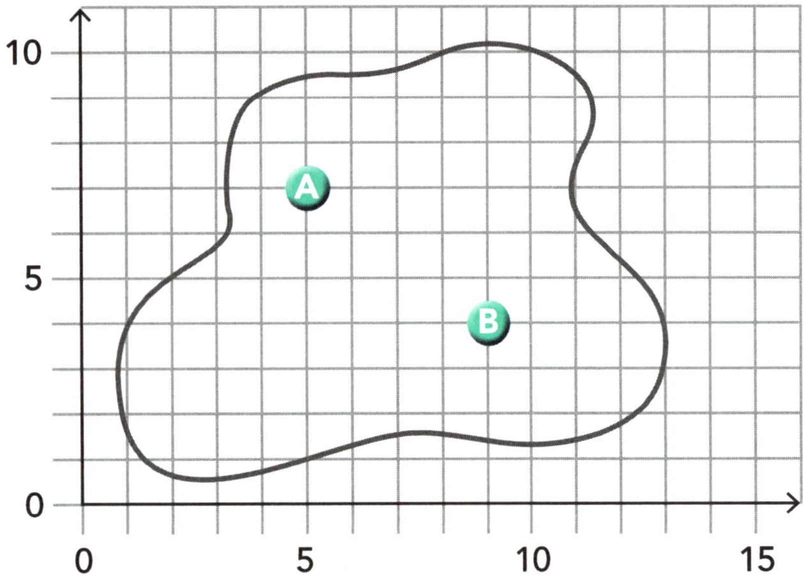

a. Quali sono le coordinate del punto A?
Risposta: ....

b. La casa dove vive la sua migliore amica Gaia si trova nel punto C
le cui coordinate sono (4, 3). Segna con un pallino la posizione del punto C.

A 7. Alla fine della settimana la segretaria controlla la presenza degli alunni alla mensa durante tutta la settimana. Completa la tabella.

	Assenti	Presenti
Lunedì	3	21
Martedì	....	19
Mercoledì	1	....
Giovedì	0	24
Venerdì	....	22

A 8. Franca ha comperato per il suo cane 3 confezioni di biscotti come questa. Ogni giorno Franca dà 4 biscotti al suo cane. Per quanti giorni le basteranno?

A. ☐ 168
B. ☐ 15
C. ☐ 32
D. ☐ 31

Leggi il testo e osserva il disegno con attenzione.
Procedi passo passo
- **prima** trova la domanda nascosta, fai il calcolo necessario e rispondi;
- **poi** utilizza l'operazione che serve per distribuire una quantità in parti uguali.

A 9. Secondo te, quale criterio ha usato la maestra per suddividere le seguenti figure alla lavagna?

Gruppo A Gruppo B

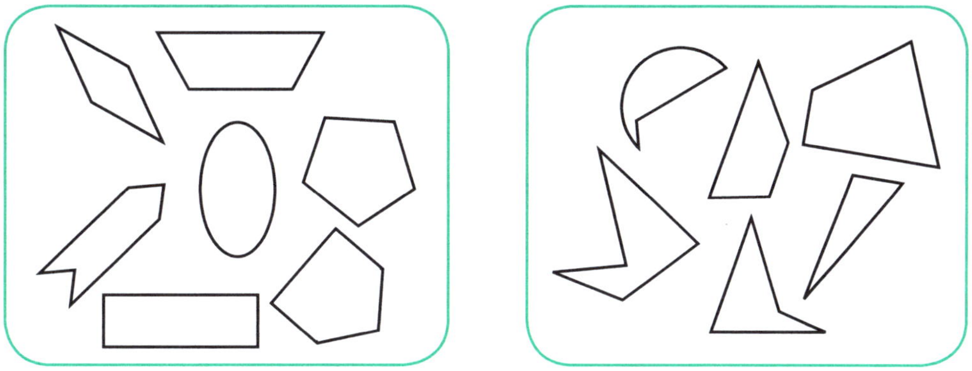

A. ☐ La maestra ha messo nel gruppo A le figure convesse e nel gruppo B le figure concave.

B. ☐ La maestra ha messo nel gruppo A i poligoni e nel gruppo B i non poligoni.

C. ☐ La maestra ha messo nel gruppo A i quadrilateri e nel gruppo B le figure che non sono quadrilateri.

D. ☐ La maestra ha messo nel gruppo A le figure simmetriche e nel gruppo B le figure che non sono simmetriche.

A 10. In un parco giochi estivo si pagano 5 euro come tassa d'iscrizione e poi 15 euro al giorno per l'utilizzo dei giochi. Completa la tabella.

Numero giorni	Spesa totale (in euro)
1	....
2	....
3	....
7	....
15	....
30	....

A 11. Quale tra le seguenti scomposizioni non corrisponde al numero ventunomilaseicentotré?

A. ☐ 20 migliaia + 1 603

B. ☐ 21 migliaia + 6 x 100 + 3

C. ☐ 2 x 10 000 + 1 x 1 000 + 6 x 100 + 3

D. ☐ 2 000 + 1 000 + 603

A 12. Il papà vuole regalare un tablet a Ugo per il suo compleanno. Su Internet trova due offerte differenti per lo stesso modello.

Offerta A	Offerta B
200 euro Sconto del 15%	200 euro Sconto di 15 euro

In quale negozio gli conviene comperare il tablet?

A. ☐ Negozio A: lo sconto è maggiore.
B. ☐ Negozio B: lo sconto è maggiore.
C. ☐ Non si può dire: non si possono confrontare gli sconti.
D. ☐ È indifferente: lo sconto è lo stesso.

RICORDA
Lo sconto è la cifra da sottrarre al prezzo.
Il prezzo di partenza è lo stesso in entrambi i negozi, ma fai attenzione: lo sconto dell'offerta A è da calcolare! Poi confronta il risultato ottenuto con lo sconto applicato nell'offerta B.

A 13. Osserva lo scontrino, poi completa il testo del problema e rispondi alle domande.

	EURO
16 x 1,50	24
25 x 0,40	10
1 x 2,50	2,50
TOTALE	**36,50**
CONTANTE	50,00

a. Per una merenda con gli amici, Sonia compera: 16 panini che costano .... l'uno; 25 pizzette che costano .... euro l'una; 1 succo di frutta che costa .... euro.

b. Sonia paga con una banconota da 50 euro.
Quanto riceve di resto?
Risposta: ....

c. Quanto spende Sonia per le pizzette?
Risposta: ....

A 14. Questa costruzione è formata da tanti cubetti di legno uguali incollati tra di loro.

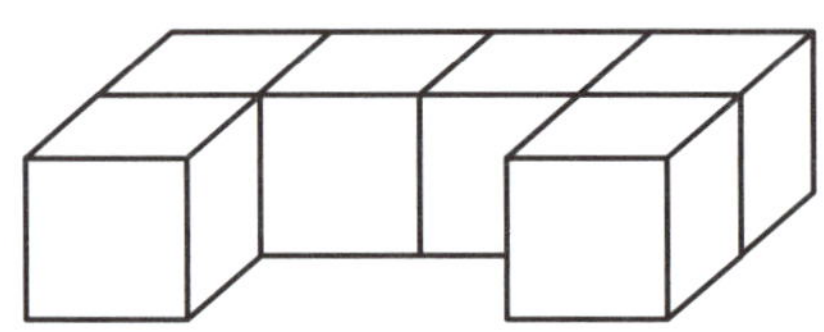

Valerio colora di blu tutte le facce della costruzione.
Quante facce colora Valerio?

A. ☐ 13
B. ☐ 36
C. ☐ 26
D. ☐ 25

Considera anche le facce dei cubetti che non vedi nel disegno, ma escludi quelle che Valerio non può colorare perché sono incollate tra di loro.

RICORDA 1  = 6 facce

A 15. Per svolgere dei lavori di ristrutturazione, in una via della città l'energia elettrica viene sospesa secondo il seguente orario.

Giorni	Mattina		Pomeriggio	
	dalle ore	alle ore	dalle ore	alle ore
Lunedì	9:00	11:00	16:00	18:00
Mercoledì	10:00	12:30	14:00	17:30
Venerdì	8:00	10:30	15:30	17:00

a. In quale giorno l'energia elettrica è sospesa per il maggior numero di ore?
Risposta: ....

b. Ci sono giorni in cui la sospensione dell'energia elettrica ha la stessa durata? Se sì, quali?
Risposta: ....

Procedi passo passo:
- **prima** calcola giorno per giorno le ore di sospensione sia alla mattina sia al pomeriggio, sommale tra loro e segna sulla tabella i risultati;
- **poi** confronta i risultati che hai ottenuto per rispondere alle domande.

A 16. Osserva la seguente tabella.

	Multipli di 3	Non multipli di 3
Pari	....	....
Dispari	....	....

Inserisci i seguenti numeri al posto giusto nella tabella.

3 • 8 • 24 • 17

Per ciascun numero verifica quali caratteristiche sono corrette.

A 17. Il proprietario di un colorificio deve preparare una tinta per la tinteggiatura delle pareti. La tonalità scelta si ottiene miscelando 6 misurini di bianco e 2 misurini di verde.
Completa la tabella con le giuste quantità di colore che occorrono per preparare la stessa tonalità per quantità più grandi.

Bianco	6	12	....	48	....
Verde	2	....	8	....	32

Individua la regola che c'è per passare tra i due numeri della prima colonna e applicala alle altre colonne di numeri. Quando necessario, usa l'operazione inversa.

A 18. In una pasticceria, disposti su un vassoio, ci sono 50 bignè di 5 gusti: crema, cioccolato, nocciola, panna, zabaione.
Ogni gusto è presente nello stesso numero.
Indica con una **X** se le seguenti affermazioni sono vere (V) o false (F).

		V	F
a.	I bignè alla nocciola sono il 10% di tutti i bignè sul vassoio.		
b.	I bignè alla crema e alla panna insieme sono la metà dei bignè sul vassoio.		
c.	I bignè allo zabaione sono $\frac{1}{5}$ di tutti i bignè nel vassoio.		
d.	Nel vassoio ci sono 10 bignè al cioccolato.		

A 19. Quale tra queste disuguaglianze è falsa?

A. ☐ $10{,}3 < 10{,}31$
B. ☐ $1{,}05 > 1{,}053$
C. ☐ $9{,}4 < 9{,}43$
D. ☐ $3{,}24 < 3{,}42$

A 20. In un laboratorio di sartoria, Vittoria deve controllare le indicazioni per il taglio di una tovaglia e dei 6 tovaglioli.
Aiuta Vittoria a fare i controlli richiesti, indicando con una **X** se le affermazioni sono vere (V) o false (F).

Per aiutarti, suddividi nel disegno la tovaglia in quadrati equiestesi a un tovagliolo.
In quante parti è diviso l'intero tessuto?
Fai attenzione alla domanda **d.**: considera solo la parte di stoffa destinata ai tovaglioli, che è suddivisa in sesti. A quanti dodicesimi equivale un sesto?

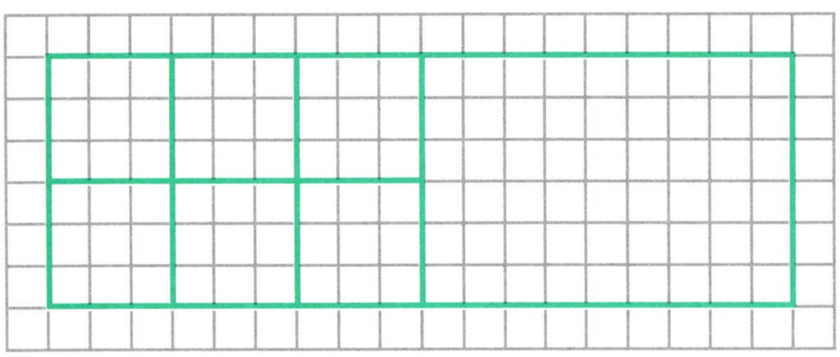

		V	F
a.	Ogni tovagliolo è $\frac{1}{12}$ dell'intera stoffa utilizzata.		
b.	La sola tovaglia corrisponde a $\frac{8}{12}$ della stoffa usata.		
c.	Tutti i tovaglioli occupano $\frac{6}{12}$ della stoffa utilizzata.		
d.	Due tovaglioli corrispondono a $\frac{4}{12}$ della stoffa a loro destinata.		

A 21. Rosa, Alessia e Valerio si sono pesati; questi sono i loro pesi:

13 kg • 16 kg • 21 kg

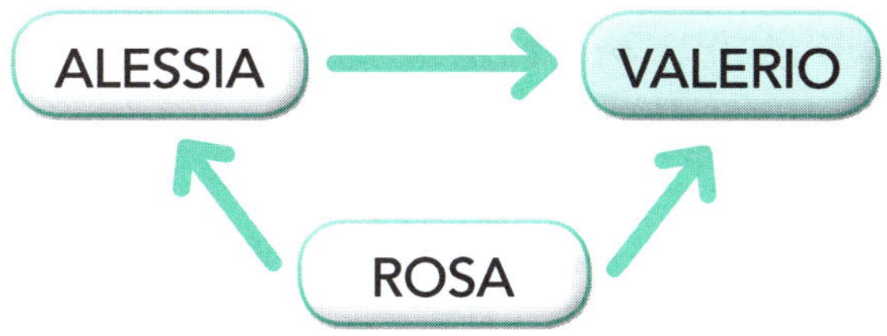

Osserva lo schema e scrivi il peso di ciascun bambino.
La freccia → significa: "è più pesante di..."

Rosa	Alessia	Valerio
.... kg	.... kg	.... kg

Maggiore è il numero di frecce che partono da un bambino, maggiore sarà il suo peso.

A 22. Maurizio ha costruito con alcune barrette di legno tutte uguali una torretta come quella della figura.

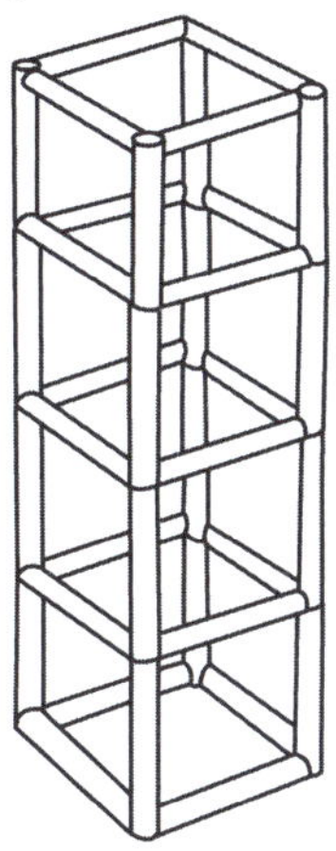

Quante barrette ha usato?

Risposta:
.... barrette.

Leggi attentamente il testo: le parole "tutte uguali" nascondono un dato importante, perché ti fanno capire che la costruzione è composta da cubi. Calcola il numero totale degli spigoli, ma ricordati di togliere il numero degli spigoli che i cubi hanno in comune.

RICORDA 1  = 12 spigoli

Se invece decidi di contare le barrette una per una, facci un segno sopra a mano a mano che le conti, per non contare la stessa barretta più volte.

A 23. Osserva le figure.

a. Ogni figura è stata ottenuta dalla precedente con una rotazione. Indica quale tipo di rotazione è stato eseguito.

A. ☐ 180° in senso orario.
B. ☐ 90° in senso orario.
C. ☐ 270° in senso orario.
D. ☐ 180° in senso antiorario.

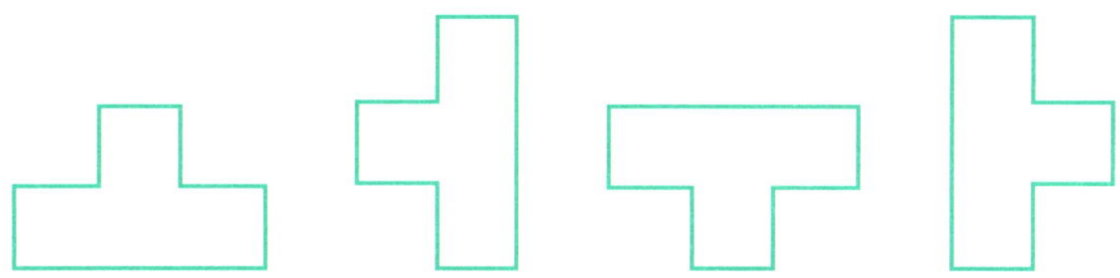

Figura 1 Figura 2 Figura 3 Figura 4

RICORDA Un giro completo della figura corrisponde a una rotazione di 360°.

b. Rispondi e completa.
- Ruotare una figura di 180° in senso orario o antiorario è diverso? ....
- Se ruoti una figura di 270° in senso orario è come ruotarla di .... in senso antiorario.

A 24. I dati nella tabella riportano la composizione in percentuale di chilometri quadrati della superficie del territorio italiano.

Montagna	35%
Collina	42%
Pianura	23%

a. Indica con una X se le affermazioni sono vere (V) o false (F).

		V	F
a.	Il territorio italiano è principalmente collinare.		
b.	Il paesaggio montano unito alla pianura rappresenta più della metà del territorio italiano.		
c.	La montagna occupa $\frac{1}{4}$ della superficie dell'Italia.		
d.	La pianura è il paesaggio meno presente su tutto il territorio italiano.		

b. Quale areogramma rappresenta la situazione?

A. ☐ Areogramma 1
B. ☐ Areogramma 2.
C. ☐ Areogramma 3.
D. ☐ Areogramma 4.

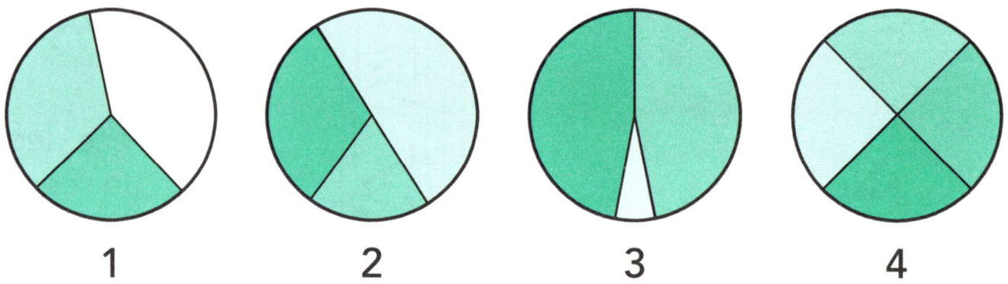

A 25. Emilio, Luca, Daniele e Marco partecipano a una corsa campestre. Emilio taglia il traguardo alle 16:03, Marco arriva 10 minuti prima di Emilio, Daniele arriva 6 minuti dopo Marco e Luca arriva due minuti dopo Daniele.

a. Chi è il vincitore?

A. ☐ Emilio. B. ☐ Luca. C. ☐ Daniele. D. ☐ Marco.

b. A che ora arriva Marco?
Risposta: ....

c. Quanti minuti di distanza ci sono tra Daniele ed Emilio?
Risposta: ....

d. Chi arriva per ultimo?
Risposta: ....

Prima di rispondere alle domande, compila la graduatoria d'arrivo. Scrivi i nomi dei quattro concorrenti e scrivi accanto a ciascuno il suo orario d'arrivo a partire dall'unico orario che hai a disposizione. A seconda delle indicazioni fornite nel testo, sottrai o aggiungi i minuti.

A 26. Claudio, Ada e Alberto ritagliano le figure qui sotto per realizzare un plastico sulla storia degli Egizi.
Chi riuscirà a chiudere la figura piegando lungo le linee tratteggiate per ottenere la piramide che vedi qui a fianco?

Claudio

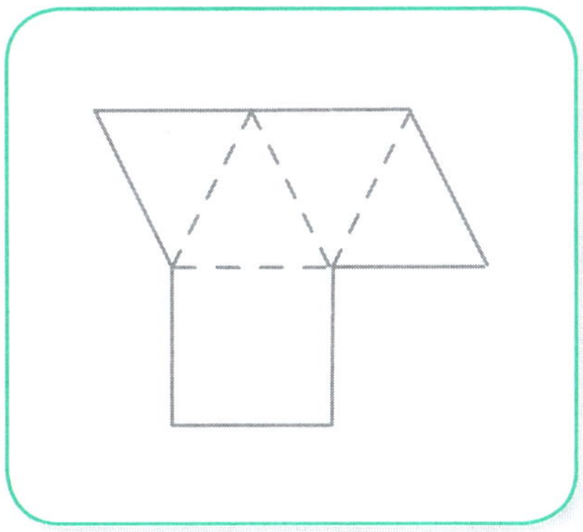

Ada

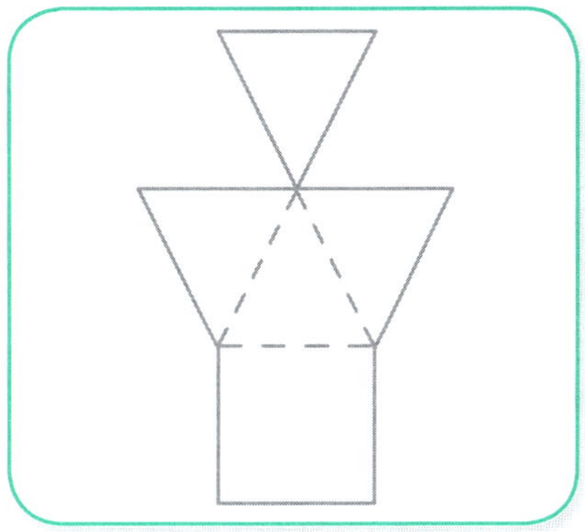

Alberto

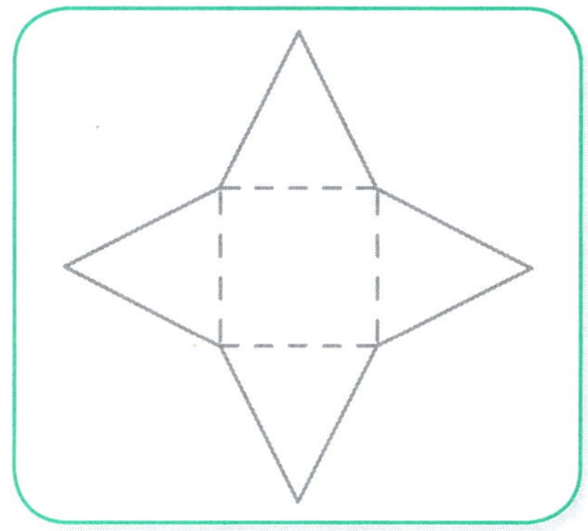

A. ☐ Claudio.   B. ☐ Alberto.   C. ☐ Ada e Alberto.   D. ☐ Nessuno.

A 27. La tabella rappresenta la produzione annuale di olio di oliva in alcune regioni italiane espressa in Megagrammi.
Il grafico riporta gli stessi dati, ma approssimati.

a. Completa il grafico con il nome delle regioni.

Regioni	Megagrammi di olio di oliva prodotto
Campania	38 026
Toscana	16 808
Lazio	19 395
Liguria	5 728

Dati ISTAT 2013.

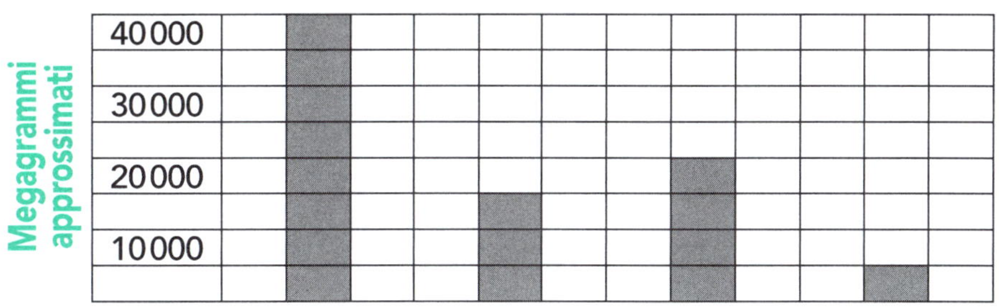

b. Osserva il grafico e rispondi.

1) Si può affermare che la Liguria produce circa $\frac{1}{3}$ delle tonnellate prodotte dalla Toscana? ....

2) La produzione della Toscana più quella della Liguria equivale circa alla produzione del Lazio? ....

3) La produzione della Campania è circa il doppio di quella della Toscana? ....

A 28. Durante una gita in camper con la sua famiglia, Martina si trova davanti a un sottopassaggio ferroviario con il cartello che indica che un veicolo può passare solo se è alto meno di 3,50 m.

Controlla i dati del veicolo per verificare se il camper di Martina potrà passare senza problemi.
Segna con una ✗ la risposta corretta e completa.

Larghezza: 205 cm
Altezza: 278 cm
Lunghezza: 548 cm
Peso complessivo: 3500 kg

☐ Sì, il camper potrà passare, perché ....
....

☐ No, il camper non potrà passare, perché ....
....

A 29. È più probabile che venga 3 lanciando in aria un dado o che venga "croce" lanciando in aria una moneta?
Scegli la risposta corretta e completa la frase.

Ricorda di valutare la probabilità sempre rispetto al numero di casi possibili.
Quanti sono i casi possibili nel lancio di un dado? ....
E nel lancio di una moneta? ....

☐ È più probabile che venga 3 lanciando in aria un dado, perché ....
....

☐ È più probabile che venga "croce" lanciando in aria una moneta, perché ....
....
....
....
....

A 30. Il primo giorno dell'anno del 2015 era un giovedì.
Scrivi nelle caselle i giorni corrispondenti alle 4 domeniche del mese di gennaio 2015.

[........] [........] [........] [........]

A 31. La zia di Margherita va al supermercato per acquistare i prodotti segnati nella lista. La zia guarda le etichette e sceglie il prodotto in base al costo minore. Per ogni prodotto indica con una X quello che ha scelto la zia.

LISTA DELLA SPESA
6 uova
12 bottiglie di acqua da 1,5 litri ciascuna
2 kg di pere

☐ 1 uovo € 0,30

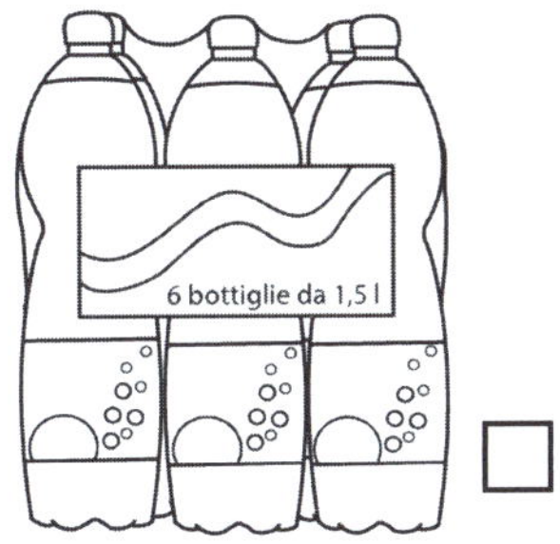

☐ Una confezione € 1,40

☐ 2 kg di pere € 3,40

☐ Una confezione € 1,70

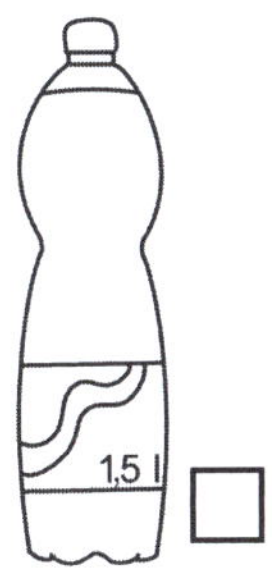

☐ € 0,13 al pezzo

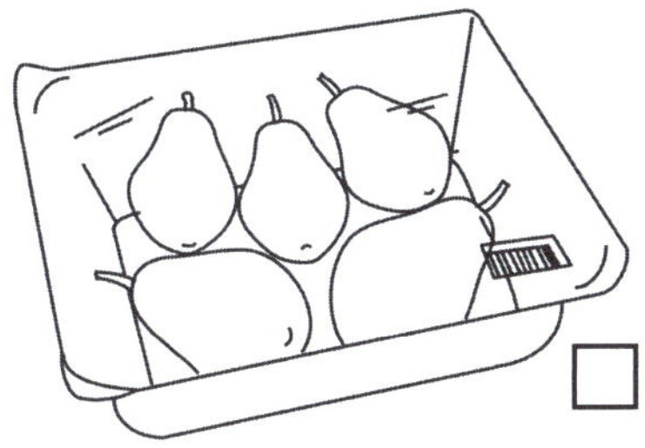

☐ 1 kg di pere € 2,30

A 32. Lorena, Tommaso e Sara hanno iniziato a fare un collage su un foglio di carta rettangolare.

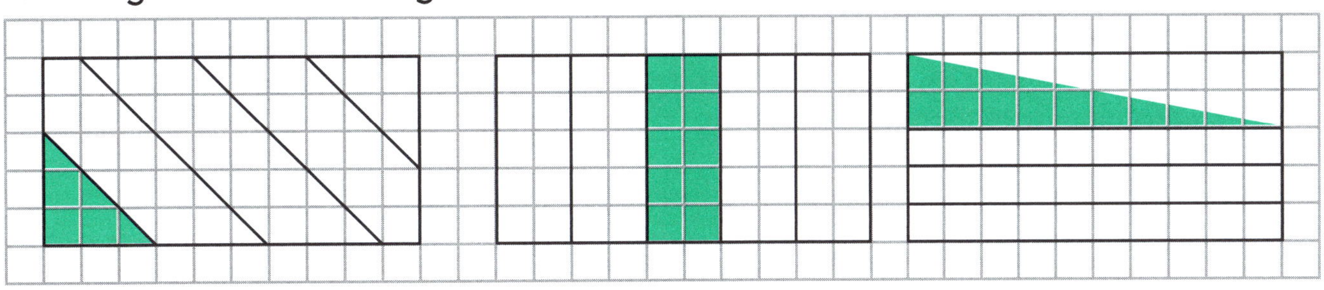

Chi dei tre ragazzi ha ricoperto un quinto del foglio con la carta colorata?

A. ☐ Solo Lorena.
B. ☐ Tommaso e Sara.
C. ☐ Solo Tommaso.
D. ☐ Tutti hanno svolto il compito correttamente.

Prima verifica che le parti in cui il rettangolo è stato suddiviso siano cinque, poi accertati che siano equiestese.

A 33. Questo grafico rappresenta la rilevazione del numero degli abitanti residenti in Italia dal 2001 al 2014 espressa in milioni.

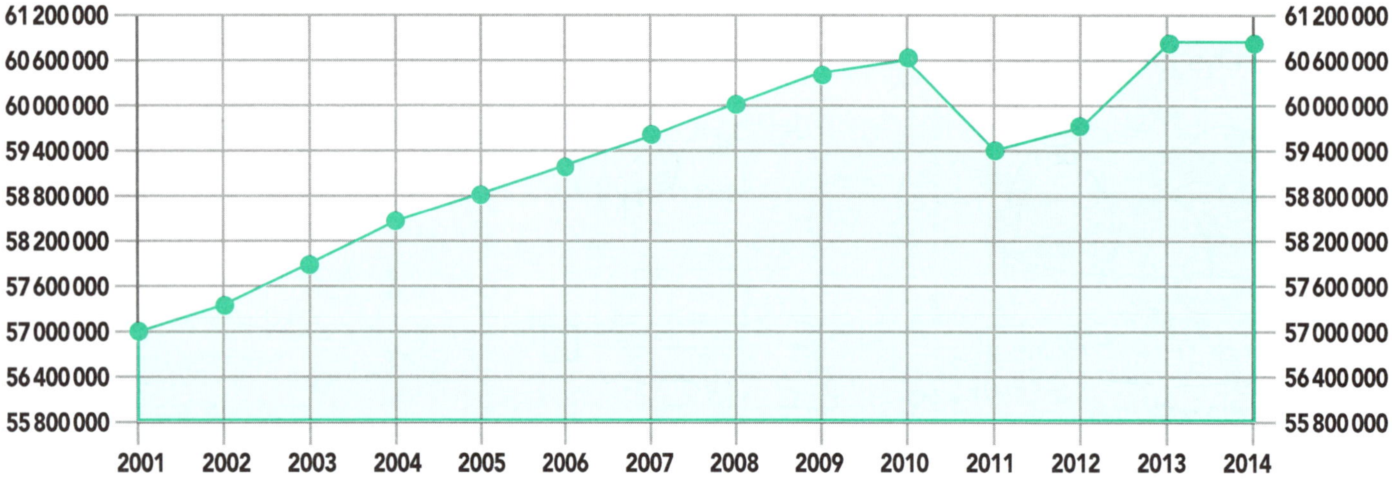

Andamento della popolazione residente
ITALIA – Dati ISTAT al 31 dicembre di ogni anno – Elaborazione TUTTITALIA.IT

Fai riferimento al grafico e indica con una X se le affermazioni sono vere (V) o false (F).

		V	F
a.	Gli abitanti residenti in Italia nel 2010 erano meno di quelli rilevati nel 2014.		
b.	L'anno 2009 è stato l'anno con il minor numero di residenti in Italia.		
c.	Dal 2001 al 2014 i residenti in Italia sono cresciuti in modo continuo.		
d.	Nel 2014 in Italia erano residenti più di 60 milioni e mezzo di abitanti.		
e.	Dal 2001 al 2014 la popolazione residente è cresciuta di circa 3 milioni e seicentomila persone.		

A 34. Luigi ha guardato la temperatura sul termometro: alle sette del pomeriggio segnava 7 gradi Celsius (°C). Alle ore 23 il termometro segnava – 4 °C. Di quanto è scesa la temperatura dalle 19 alle 23?

A. ☐ Di 11 gradi.
B. ☐ Di 10 gradi.
C. ☐ Di 15 gradi.
D. ☐ Di 3 gradi.

A 35. La sorella di Giulia deve comperare un paio di leggings.
Se è alta 1,70 m e pesa 60 kg, quale taglia dovrà acquistare?

Osserva la tabella.

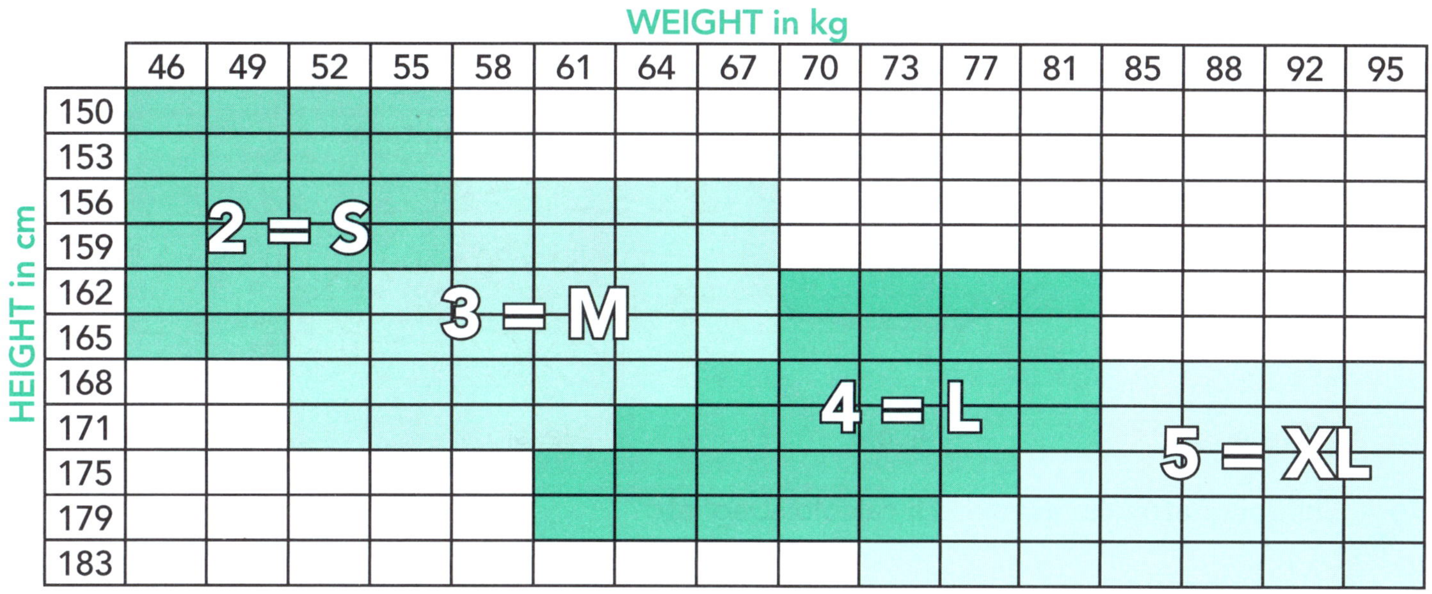

a. Collega le parole inglesi al loro significato in italiano.

WEIGHT — Peso

HEIGHT — Altezza

CLIL
Anche se non conosci la parola in inglese, puoi scoprirlo leggendo la tabella.
Che cosa misuri in kg?
Che cosa misuri in cm?

b. Rispondi:

A. ☐ Taglia S. B. ☐ Taglia M. C. ☐ Taglia L. D. ☐ Taglia XL.

A 36. In un cassetto ci sono, mescolate tra loro, 2 paia di calze bianche, 2 paia di calze blu e 2 paia di calze rosse.
Se sei al buio, qual è il numero minimo di calze che devi prendere dal cassetto per essere sicuro di avere almeno 2 calze dello stesso colore?

A. ☐ 2
B. ☐ 3
C. ☐ 4
D. ☐ 6

Rifletti. Dal momento che i colori delle calze sono 3, se prendi 3 calze potrebbero essere ciascuna di un colore diverso dall'altro, quindi il numero di calze da prendere deve essere maggiore di 3. Continua tu il ragionamento e scegli il numero minore tra le risposte possibili.

PROVA 8

A 1. Per gioco quattro amici eseguono questa moltiplicazione:

130 x 50

Ognuno di loro esegue un calcolo diverso per trovare il risultato.

Stefano	Nicola	Alessio	Giorgio
13 x 5 x 100	13 x 50 x 10	100 x 50 + 30 x 50	130 x 5 + 130 x 10

Chi dei quattro ha eseguito il calcolo sbagliato?

A. ☐ Stefano. B. ☐ Nicola. C. ☐ Alessio. D. ☐ Giorgio.

A 2. Disegna una figura congruente a quella qui disegnata.

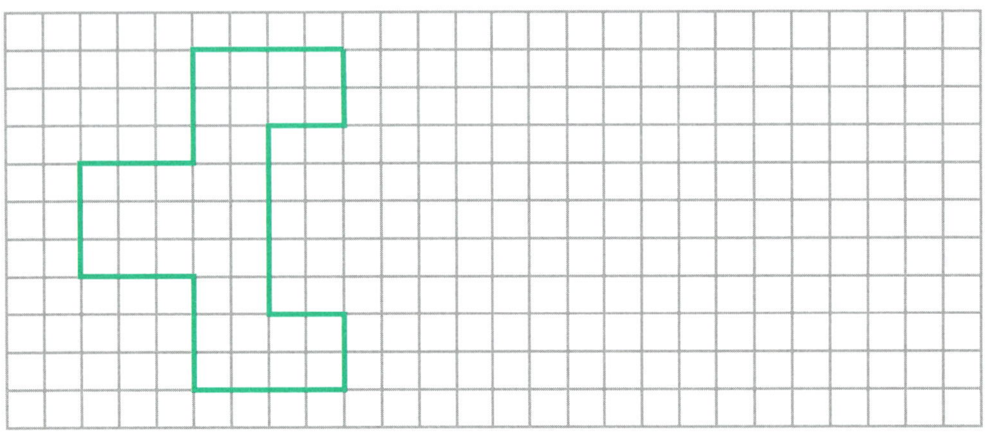

A 3. Sandro, Giovanni e Marco ricevono dai nonni la stessa somma di denaro. Dopo appena due giorni Giovanni ha ancora $\frac{1}{3}$ dei soldi, Sandro $\frac{1}{4}$ e Marco la metà.

Chi dei tre ragazzi ha speso di più?

A. ☐ Giovanni.
B. ☐ Sandro.
C. ☐ Marco.
D. ☐ Hanno speso tutti la stessa somma.

Audio scaricabile online.

A 4. Sul libro delle ricette, Alessandra legge che per preparare un budino al cioccolato occorrono 25 centilitri di latte per una porzione.
Se compera 3 litri di latte, quante porzioni di budino può preparare?

A. ☐ 10 B. ☐ 12 C. ☐ 6 D. ☐ 9

A 5. Quale tra queste disuguaglianze è vera?

A. ☐ 10,63 < 10,36
B. ☐ 1,05 > 1,053
C. ☐ 6,4 < 6,43
D. ☐ 2,24 > 2,42

A 6. Osserva la tabella accanto.

a. Inserisci i seguenti numeri al posto giusto.

	Multipli di 6	Non multipli di 6
Pari	....	....
Dispari		....

12 • 18 • 35 • 49 • 19 • 16

b. È possibile inserire un numero nella casella colorata?

A. ☐ No, perché tutti i multipli di 6 sono pari.
B. ☐ No, perché 49 è un numero dispari e non è multiplo di 6.
C. ☐ Sì, perché per esempio posso inserire 19 che è dispari.
D. ☐ Sì, perché per esempio posso inserire 18 che è multiplo di 6.

A 7. La figura rappresentata è formata da un quadrato e da un triangolo rettangolo isoscele.

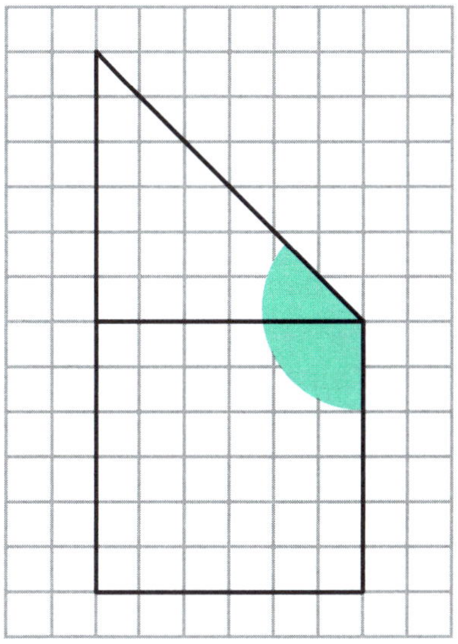

Quanto misura l'angolo evidenziato in verde?
Risposta: ....

A 8. Michela ha disegnato sul geopiano tre barchette.

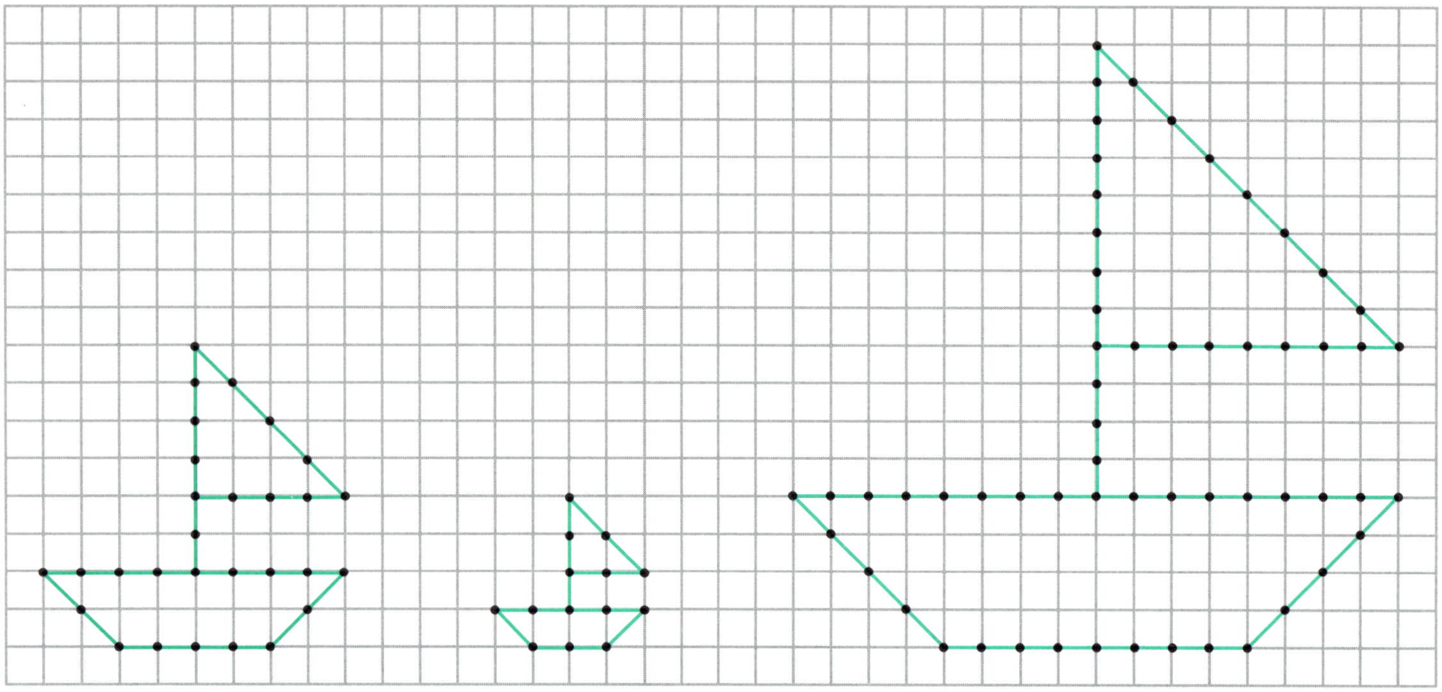

Indica se ciascuna delle seguenti affermazioni è vera (V) o falsa (F).

		V	F
a.	Gli angoli corrispondenti delle tre figure hanno la stessa ampiezza.		
b.	Le tre figure hanno la stessa forma.		
c.	Le tre figure hanno la stessa dimensione.		
d.	La barchetta più grande e la più piccola sono in scala 1:3.		

A 9. Manuel pesca a caso una caramella da questo sacchettino di caramelle alla frutta.

Completa correttamente la frase con una delle seguenti espressioni:

maggiore del | uguale al | minore del

Per Manuel la probabilità di pescare una caramella al limone è .... 50%.

A 10. Osserva questa piantina.

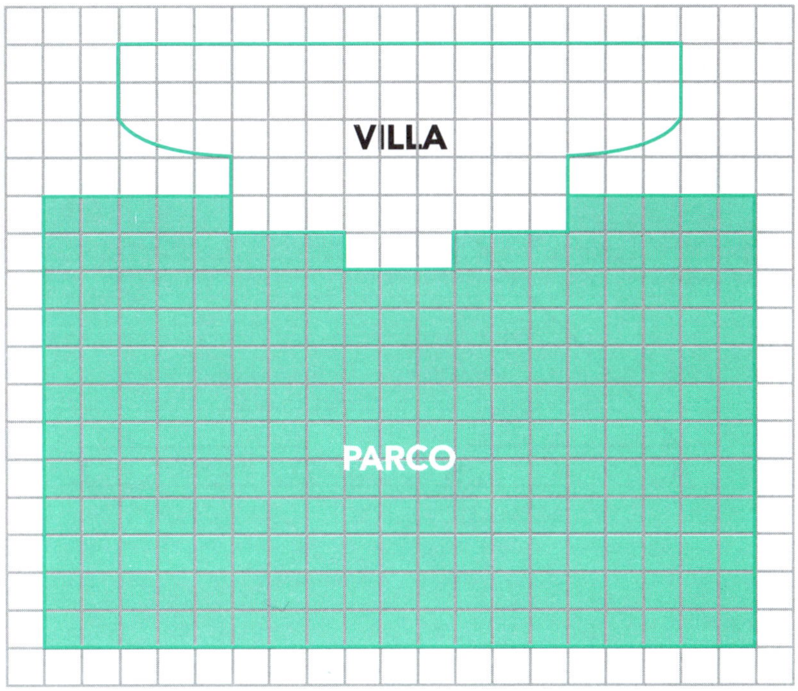

Legenda: 1 ▢ = 1 *dam*^{2}

Qual è l'area del parco?
Risposta: .... dam^2.

A 11. Nella tabella sono state riportate le caratteristiche di due bottiglie.

Caratteristiche	Bottiglia A	Bottiglia B
Peso (bottiglia vuota)	50 g	250 g
Altezza	15 cm	30 cm
Capacità	200 cm^3	500 cm^3
Colore	Trasparente	Verde
Materiale	Vetro	Plastica

a. Quale delle due bottiglie può contenere meno liquido?

		vero	falso
a.	La bottiglia B, perché è più pesante.		
b.	La bottiglia B, perché è più alta.		
c.	La bottiglia A, perché ha una capacità minore.		
d.	La bottiglia A, perché è più leggera.		

b. Se si vogliono riempire completamente le due bottiglie, quali caratteristiche è necessario conoscere per prevedere quale delle due sarà la più pesante?

		È necessario sapere	Non è necessario sapere
a.	Peso della bottiglia vuota.		
b.	Capacità.		
c.	Altezza.		
d.	Colore.		

A 12. Disegna un rettangolo che abbia un lato uguale a DE e la stessa area del triangolo ABC.

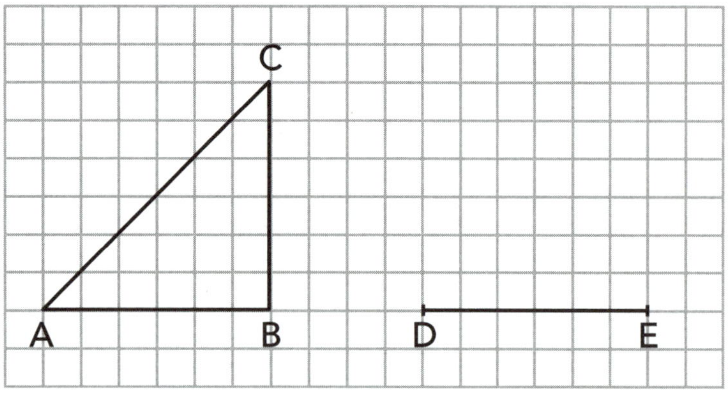

A 13. Andrea e Alessia giocano al gioco dell'Oca. Andrea è fermo sulla casella 15 e Alessia è ferma sulla casella 26. Andrea tira i due dadi entrambi numerati da 1 a 6.
Scrivi nelle caselle tutte le coppie di numeri che possono apparire sulle facce dei due dadi e che permettono ad Andrea di raggiungere o superare Alessia.

....

....

....

A 14. Osserva attentamente le figure.

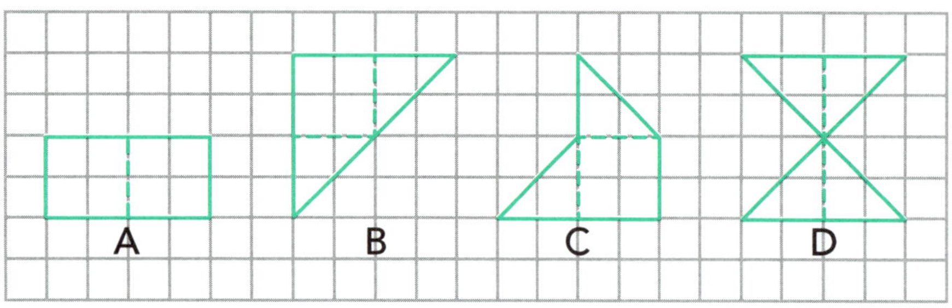

Indica con una **X** se le affermazioni sono vere (V) o false (F).

		V	F
a.	L'area della figura A è uguale all'area della figura C.		
b.	Le figure B e C hanno lo stesso perimetro.		
c.	L'area della figura D è minore dell'area della figura A.		
d.	Il perimetro della figura D è minore del perimetro della figura B.		

A 15. Dario ha guardato il termometro appena sveglio e alle ore 7:30 del mattino segnava – 3 gradi Celsius (°C). A mezzogiorno lo ha controllato di nuovo: segnava + 7 °C. Di quanto è variata la temperatura dalle 7:30 alle 12:00?

A. ☐ È aumentata di 7 °C.
B. ☐ È aumentata di 10 °C.
C. ☐ È diminuita di 4 °C.
D. ☐ È diminuita di 3 °C.

A 16. Roberto pensa un numero maggiore di 1000 e lo moltiplica per 6. Sicuramente il risultato è...

A. ☐ esattamente 6 000.
B. ☐ un numero maggiore di 6 000.
C. ☐ un numero dispari.
D. ☐ un numero minore di 6 000.

A 17. Osserva bene la tabella dove sono riportate le taglie dei vestiti da uomo e le misure corrispondenti.

Taglia vestiti	Altezza (cm)	Torace (cm)	Giro vita (cm)
44	164–168	86–89	74–77
46	169–173	90–93	78–81
48	172–176	94–97	82–85
50	175–179	98–101	86–89
52	178–182	102–105	90–93
54	180–184	106–109	94–99
56	182–186	110–113	100–104

Il nonno di Umberto è alto 1,75 m; la sua circonferenza del torace misura 99 cm e il giro vita 88 cm.
In base alla tabella, quale taglia di abito dovrà comperare il nonno di Umberto?

Risposta: taglia ....

A 18. **7 500 metri possono corrispondere a…**

A. ☐ l'altezza di un grattacielo di 175 piani.
B. ☐ un traliccio dell'elettricità.
C. ☐ la quota di volo di un aereo.
D. ☐ la distanza tra Venere e la Terra.

A 19. **Sono le ore 9:15 e Valentina è all'aeroporto.**
La partenza del suo aereo è prevista per le ore 10:05.
Quanti minuti deve ancora aspettare Valentina prima di partire?

A. ☐ 55 minuti.
B. ☐ 50 minuti.
C. ☐ 30 minuti.
D. ☐ 45 minuti.

A 20. **Osserva attentamente i rettangoli, poi indica chi ha fatto le affermazioni vere.**

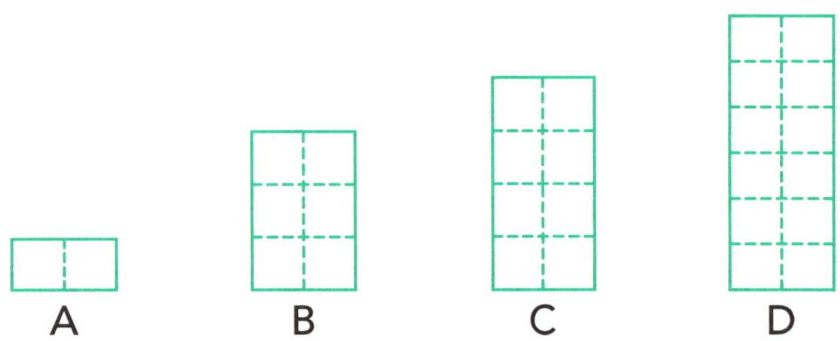

Diego: La superficie di B è $\frac{3}{2}$ dell'area del rettangolo D.

Marta: La superficie di A è $\frac{1}{6}$ dell'area del rettangolo D.

Franco: Il perimetro di C è il doppio del perimetro di A.

Laura: Il perimetro di B è la metà del perimetro di D.

A. ☐ Franco e Diego.
B. ☐ Laura e Marta.
C. ☐ Franco e Marta.
D. ☐ Solo Diego.

A 21. Quale dei seguenti numeri è più vicino al risultato della seguente moltiplicazione?

79,8 x 20

A. ☐ 160 B. ☐ 1 600 C. ☐ 160,06 D. ☐ 1 580

A 22. Durante una partita a scacchi, il pedone (♙) è nella casella (G, 2) e l'alfiere (♗) è nella casella (D, 1).

♙ si può muovere solo in avanti di un'unica casella alla volta.

♗ si può muovere del numero di caselle che vuole, in diagonale, in tutte le direzioni, ma solo sulle caselle bianche.
Per cambiare direzione, deve fare una nuova mossa.

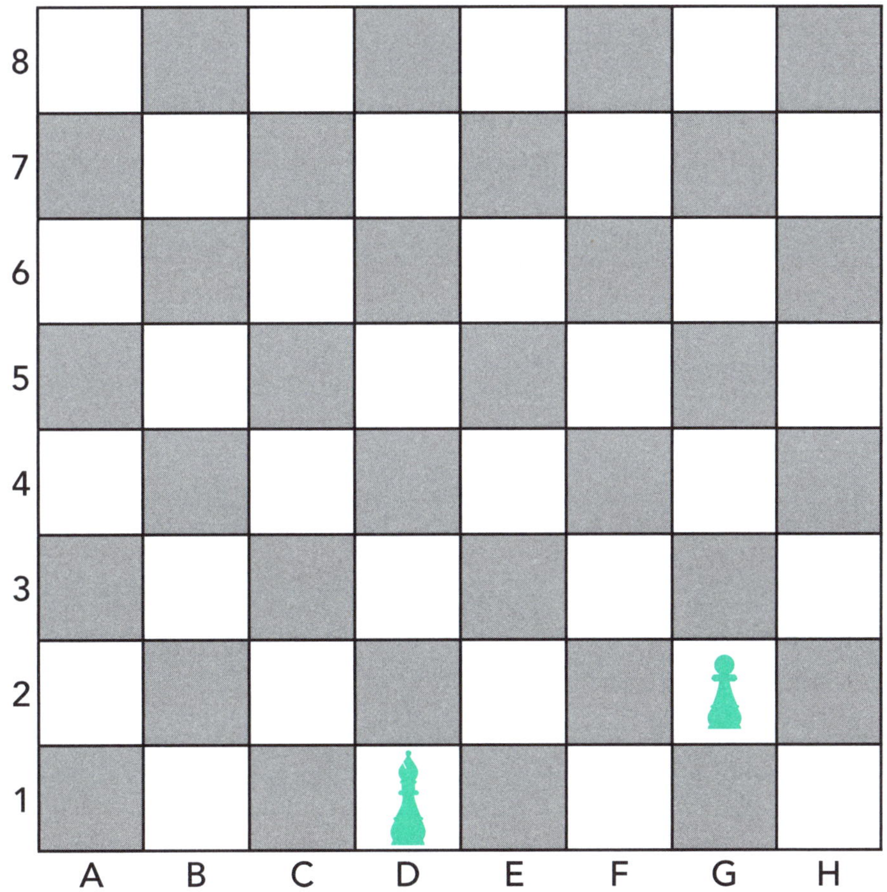

a. In quale casella arriva ♙ in 6 mosse? ....

b. Qual è il numero minimo di mosse che deve fare ♗ per raggiungere ♙ nella stessa casella? ....

c. In che punto deve arrivare ♗ con la prima mossa? ....

A 23. Lina compera in pasticceria questi pasticcini per festeggiare il suo onomastico.

€ 0,45

€ 0,25

Quale delle seguenti espressioni permette di calcolare quanto ha speso Lina per acquistare i pasticcini?

A. ☐ (0,45 x 8) + (0,25 x 6)
B. ☐ (0,45 + 0,25) x (8 + 6)
C. ☐ (0,45 + 0,25) x 14
D. ☐ 0,45 + 0,25 + 14

A 24. Gloria entra in una merceria per comperare i materiali riportati nella lista accanto.

Gloria confronta i diversi prodotti esposti nel negozio e sceglie per ciascun materiale l'offerta più conveniente.
Indica per ciascun tipo di materiale quello scelto da Gloria.

DA ACQUISTARE

12 gomitoli di lana blu
6 paia di aghi per la lana
2 forbici per ricamo

☐ 1 confezione da 6 gomitoli 18,00 euro	☐ 1 gomitolo di lana 2,80 euro
☐ 1 paio di aghi per la lana 3,20 euro	☐ 3 paia di aghi per la lana 9,90 euro
☐ 1 forbice 4,35 euro	☐ 1 confezione di 2 forbici 10,50 euro

A 25. Osserva le immagini.

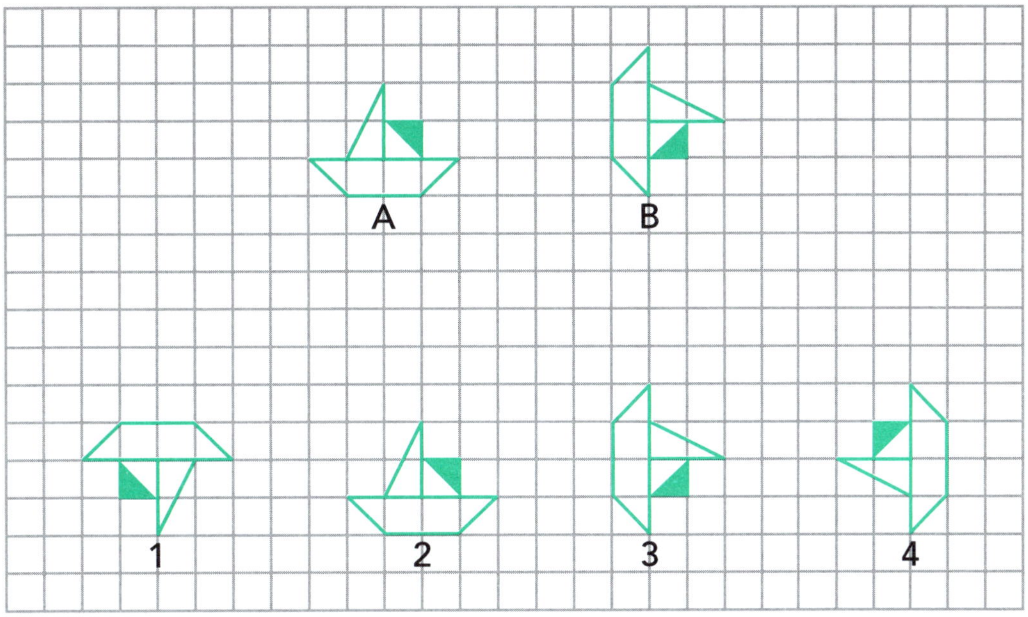

a. Quale movimento ha effettuato la figura A per diventare B?

A. ☐ Rotazione.
B. ☐ Traslazione.
C. ☐ Ribaltamento.

b. Quale posizione assume la figura B se continua con lo stesso movimento?

A. ☐ Figura 1.
B. ☐ Figura 2.
C. ☐ Figura 3.
D. ☐ Figura 4.

A 26. Quale tra queste uguaglianze è falsa?

A. ☐ $\frac{2}{4} = \frac{12}{24}$

B. ☐ $\frac{1}{4} = \frac{8}{32}$

C. ☐ $\frac{6}{11} = \frac{12}{11}$

D. ☐ $\frac{49}{7} = \frac{7}{1}$

A 27. Il grafico rappresenta la partecipazione a un campo estivo di un gruppo di bambini, suddivisi in maschi (colonne verdi) e femmine (colonne bianche).

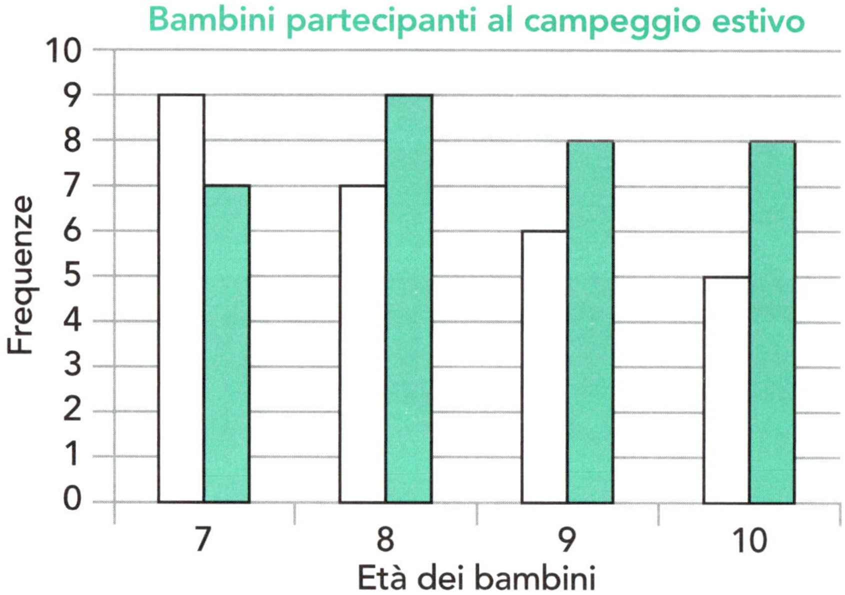

a. Quante femmine di 10 anni hanno partecipato?

A. ☐ 5 B. ☐ 6 C. ☐ 7 D. ☐ 9

b. Quanti maschi hanno partecipato?

A. ☐ 20 B. ☐ 24 C. ☐ 32 D. ☐ 16

c. Che età hanno i partecipanti più numerosi?

A. ☐ 7 e 8 anni.
B. ☐ 8 e 9 anni.
C. ☐ 9 e 10 anni.
D. ☐ Non si può capire.

d. Quanti sono i partecipanti in tutto?

Risposta: ....

A 28. Il grafico rappresenta i generi di libri preferiti da 32 bambini.

Quale delle seguenti affermazioni è vera?

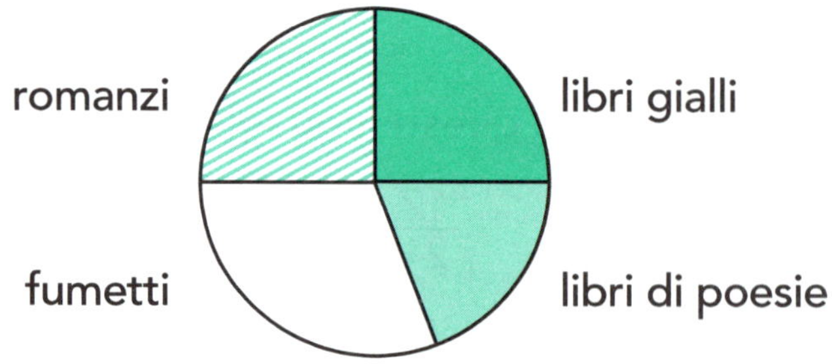

A. ☐ I libri gialli hanno ottenuto lo stesso numero di preferenze di quelli di poesie.
B. ☐ I romanzi sono preferiti da un quarto dei bambini.
C. ☐ I fumetti hanno ottenuto meno preferenze dei libri di poesie.
D. ☐ I libri gialli sono preferiti da più della metà dei bambini.

A 29. Anna deve svolgere questo esercizio.

A quale frazione corrisponde la parte non colorata?

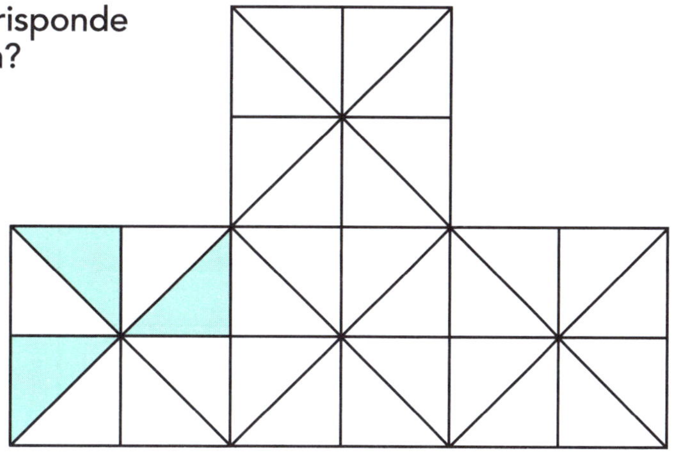

Anna ha risposto $\frac{30}{32}$. Ha dato la risposta esatta?

A. ☐ Sì, Anna ha dato la risposta esatta.

B. ☐ No, perché la parte non colorata corrisponde a $\frac{29}{32}$.

C. ☐ Non si può sapere.

D. ☐ No, la risposta esatta è $\frac{3}{32}$.

A 30. Una lumaca vuole arrampicarsi su un muro alto 10 metri.
Di giorno sale di 3 metri, durante la notte scivola in basso di 2 metri.
Quanti giorni impiegherà la lumaca per arrivare in cima al muro?

A. ☐ 6 giorni. B. ☐ 7 giorni. C. ☐ 8 giorni. D. ☐ 9 giorni.

A 31. Collega con una freccia i numeri al posto giusto sulla linea.

1,9 • 2,8 • 3,1 • 3,7 • 4,5

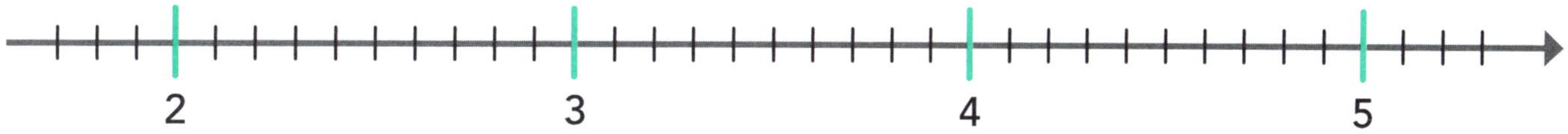

A 32. Stefano ha svolto un compito sullo sviluppo dei solidi e ha commesso alcuni errori. Indica con una **X** per ciascuno dei disegni che ha realizzato se è esatto o errato.

		Esatto	Errato
a.	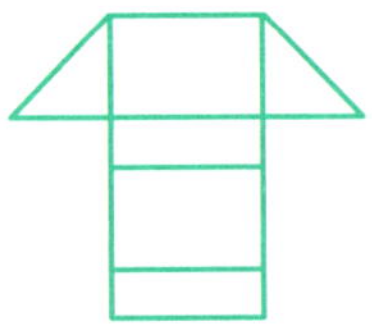		
b.	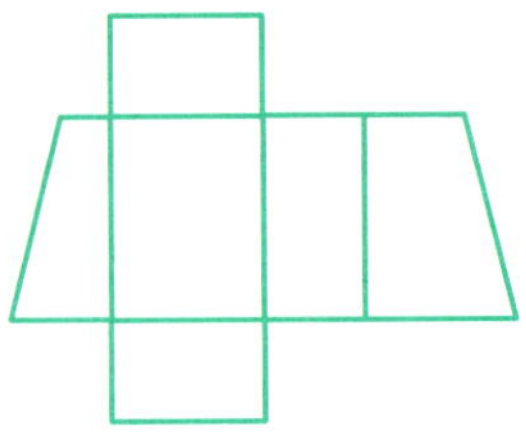		
c.	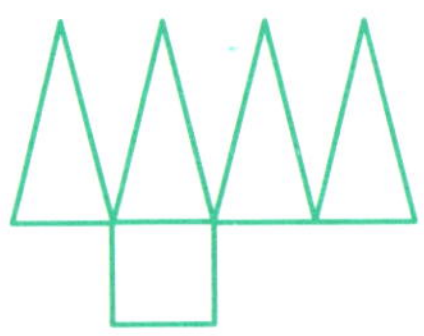		
d.	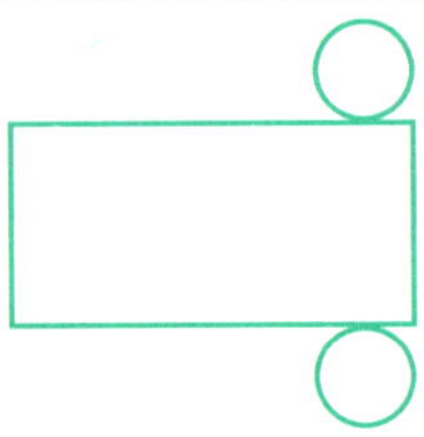		

A 33. Il numero dodicimilacinquecentouno non corrisponde a...

A. ☐ 12 501

B. ☐ 12 migliaia + 50 decine + 1

C. ☐ 1 000 + 2000 + 501

D. ☐ 1 x 10 000 + 2 x 1 000 + 5 x 100 + 1

A 34. Osserva la seguente disuguaglianza.

1< ★ < 2

Qual è il numero nascosto sotto alla stellina che rende vera la diseguaglianza?

A. ☐ 0,13 B. ☐ 0,6 C. ☐ 1,4 D. ☐ 2,3

A 35. Per giocare al gioco dell'Oca, Mario sta costruendo con il cartone un dado; vuole seguire la regola per cui la somma dei pallini delle facce opposte di un dado deve essere sempre 7.
Aiutalo a inserire il numero dei pallini sulle facce che non ha ancora completato.

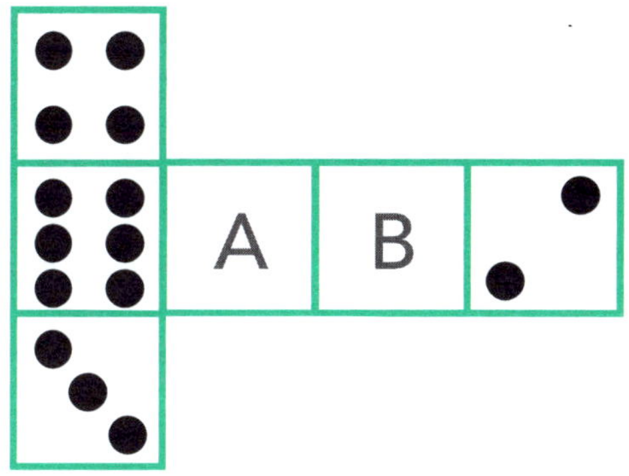

Faccia A: .... pallini.

Faccia B: .... pallini.

A 36. All'ingresso di un parco di divertimento è stato appeso il listino dei prezzi per l'accesso giornaliero.

	Dal lunedì al venerdì	Sabato e domenica
Biglietto d'ingresso		
Adulti	23 euro	26 euro
Bambini	12 euro	15 euro
Biglietto famiglia		
2 adulti + 1 bambino 2 adulti + 2 bambini 2 adulti + 3 bambini	40 euro 51 euro 62 euro	50 euro 64 euro 75 euro

Le famiglie Meli e Selva decidono di entrare. La famiglia Meli è composta dai genitori e da un bambino e la famiglia Selva è composta dai genitori e da tre bambini.
In quale giorno della settimana si sono recati al parco di divertimento se i biglietti di entrata per tutti sono costati 125 euro?

Rispondi: ....

Confronta le tue risposte con quelle esatte, poi scrivi i punteggi ottenuti.
Risposta esatta = 1 punto   Risposta sbagliata = 0 punti

PROVA GUIDATA 7

NUMERO QUESITO	RISPOSTA ESATTA	RISPOSTA DATA	PUNTEGGIO
A 1	....	....	....
A 2	....	....	....
A 3	....	....	....
A 4	**a.** .... **b.**	**a.** .... **b.**	....
A 5	Dopo il .... quadretto del tratto tra .... e	Dopo il .... quadretto del tratto tra .... e	....
A 6	**a.** .... **b.**	**a.** .... **b.**	....
A 7	....	....	....
A 8	....	....	....
A 9	....	....	....
A 10	....	....	....
A 11	....	....	....
A 12	....	....	....
A 13	**a.** .... **b.** .... **c.**	**a.** .... **b.** .... **c.**	....
A 14	....	....	....
A 15	**a.** .... **b.**	**a.** .... **b.**	....
A 16	Prima riga: .... Seconda riga:	Prima riga: .... Seconda riga:	....
A 17	Bianco: .... Verde:	Bianco: .... Verde:	....
A 18	**a.** .... **b.** .... **c.** .... **d.**	**a.** .... **b.** .... **c.** .... **d.**	....
A 19	....	....	....
A 20	**a.** .... **b.** .... **c.** .... **d.**	**a.** .... **b.** .... **c.** .... **d.**	....
A 21	Rosa: .... Alessia: .... Valerio:	Rosa: .... Alessia: .... Valerio:	....
A 22	....	....	....
A 23	**a.** .... **b.**	**a.** .... **b.**	....
A 24	**a. a.**...... **b.**...... **c.**...... **d.**...... **b.**	**a. a.**...... **b.**...... **c.**...... **d.**...... **b.**	....
A 25	**a.** .... **b.** .... **c.** .... **d.**	**a.** .... **b.** .... **c.** .... **d.**	....
A 26	....	....	....
A 27	**a.** .... **b. 1)**........ **2)**........ **3)**........	**a.** .... **b. 1)**........ **2)**........ **3)**........	....
A 28	....	....	....
A 29	....	....	....
A 30	....	....	....
A 31	Uova: .... Acqua: .... Pere:	Uova: .... Acqua: .... Pere:	....
A 32	....	....	....
A 33	**a.** .... **b.** .... **c.** .... **d.** .... **e.**	**a.** .... **b.** .... **c.** .... **d.** .... **e.**	....
A 34	....	....	....
A 35	**a.** .... **b.**	**a.** .... **b.**	....
A 36	....	....	....
		PUNTEGGIO PROVA 7	........./63

Confronta le tue risposte con quelle esatte, poi scrivi i punteggi ottenuti.
Risposta esatta = 1 punto **Risposta sbagliata** = 0 punti

PROVA AUTONOMA 8

NUMERO QUESITO	RISPOSTA ESATTA	RISPOSTA DATA	PUNTEGGIO
A 1	....	....	....
A 2	Mostra la tua soluzione all'insegnante.		....
A 3	....	....	....
A 4	....	....	....
A 5	....	....	....
A 6	**a.** .... **b.**	**a.** .... **b.**	....
A 7	....	....	....
A 8	**a.** .... **b.** .... **c.** .... **d.**	**a.** .... **b.** .... **c.** .... **d.**	....
A 9	....	....	....
A 10	....	....	....
A 11	**a. a.**.... **b.**.... **c.**.... **d.**.... **b. a.**.... **b.**.... **c.**.... **d.**....	**a. a.**.... **b.**.... **c.**.... **d.**.... **b. a.**.... **b.**.... **c.**.... **d.**....	....
A 12	....	....	....
A 13	....	....	....
A 14	**a.** .... **b.** .... **c.** .... **d.**	**a.** .... **b.** .... **c.** .... **d.**	....
A 15	....	....	....
A 16	....	....	....
A 17	....	....	....
A 18	....	....	....
A 19	....	....	....
A 20	....	....	....
A 21	....	....	....
A 22	**a.** .... **b.** .... **c.**	**a.** .... **b.** .... **c.**	....
A 23	....	....	....
A 24	....	....	....
A 25	**a.** .... **b.**	**a.** .... **b.**	....
A 26	....	....	....
A 27	**a.** .... **b.** .... **c.** .... **d.**	**a.** .... **b.** .... **c.** .... **d.**	....
A 28	....	....	....
A 29	....	....	....
A 30	....	....	....
A 31	Mostra la tua soluzione all'insegnante.		....
A 32	**a.** .... **b.** .... **c.** .... **d.**	**a.** .... **b.** .... **c.** .... **d.**	....
A 33	....	....	....
A 34	....	....	....
A 35	....	....	....
A 36	....	....	....
		PUNTEGGIO PROVA 8	......../59

Dopo questo percorso vi sentite "preparati e preparate" alla Prova Invalsi?

Riporta tutti i risultati delle varie prove.
Qui potrai verificare i tuoi progressi nel tempo dovuti alle esercitazioni.

	DATA	PUNTEGGIO	ESPRIMI UN TUO GIUDIZIO SULLA PROVA
PROVA 1 guidata	....	....	☺ 😐 ☹
PROVA 2 autonoma	....	....	☺ 😐 ☹
PROVA 3 guidata	....	....	☺ 😐 ☹
PROVA 4 autonoma	....	....	☺ 😐 ☹
PROVA 5 guidata	....	....	☺ 😐 ☹
PROVA 6 autonoma	....	....	☺ 😐 ☹
PROVA 7 guidata	....	....	☺ 😐 ☹
PROVA 8 autonoma	....	....	☺ 😐 ☹

☺ Sono soddisfatto dei miei risultati

😐 La prova è stata in alcune parti complicata

☹ Posso migliorare ancora

- Ora scrivi una tua riflessione rispetto alle competenze che pensi di aver acquisito.
- Pensi di aver sviluppato la tua capacità di fare calcoli e risolvere problemi?
- Pensi che potresti migliorare ancora molto?
- Pensi di aver usato bene il tempo a disposizione?